당신은 세상에서 가장 소중한 사람입니다.

사랑하는 　　　　　　　에게

드림

설교에 맛을 내는 예화5 고난, 역경

초판 1쇄 인쇄 | 2010년 7월 1일
초판 1쇄 발행 | 2010년 7월 1일

지은이 | 한치호
교 정 | 최화숙
편 집 | 최영규
펴낸이 | 정신일
펴낸곳 | 크리스천리더
주　소 | 부천시 원미구 중동 667-16 (2층)
연락처 | ☎ (032)342-1979　fax.(032)343-3567
홈페이지 | www.cjesus.co.kr
총　판 | 생명의 말씀사 (02)3159-8211
등　록 | 제2-2727호(1999. 9. 30.)
　　　　ISBN 978-89-93273-74-8 04230
　　　　ISBN 978-89-93273-63-2 (세트)

값 5,800원

저자와의 협약 아래 인지는 생략되었습니다.
이 출판물은 저작권법에 의해 보호를 받는 저작물이므로
무단전재와 무단복제를 할 수 없습니다.

■잘못된 책은 구입하신 곳에서 바꾸어 드립니다.

설교에 맛을 내는 예화 5

Preaching with good Story

[고난, 역경]

CLS 크리스천리더

추천사

설교에 맛을 내는 예화

목회자가 하나님의 말씀을 쉽게 전달하기 위해서는 참신하고 호소력 있는 예화들이 필요하다.

그러나 우리는 예화 자료를 얻기가 쉽지 않다. 설교를 준비해 본 사람이면 예화자료의 부족으로 한 두 번쯤은 고민해 본 경험을 갖고 있을 것이다.

본인과 늘 가까이 대하는 좋은 후배로서, 언제나 동역자로 함께 지내오고 있는 한치호 목사가 설교자들을 돕기 위하여 하나님의 말씀 전파를 돕는 예화를 엮는다는 소식을 접하였을 때 흐뭇하였다.

사실, 우리는 기독교 서점에 나가보면 이런 저런 형태의 예화집들을 쉽게 대하게 된다. 그럼에도 이 예화집에 기대를 거는 것은 주제별로 예화를 묶는 것에 있다.

한가지 소재를 가지고 설교 원고를 작성했을지라도 그 주제에 꼭 알맞은 예화를 선택하는 데는 시간을 필요로 한다. 그런데 동일한 주제에 맞는 예화들을 1백편 이상 추려서 한 권의 책으로 엮는다니 얼마나 좋은 아이디어인가!

우리는 예수님께서 천국복음을 전파하실 때, 아주 적절하게 예화를 사용하셨음을 알고 있다.

본문을 풍성하게 해주는 적절하고 은혜로운 예화의 사용은 성도들에게 설교의 성패를 좌우할 수 있다.

설교에 있어서 예화의 사용은 설교의 문을 여는 역할을 하며 윤활유와 같다. 교회를 담임하고 평생을 설교를 해온 본인의 경험으로는 하나님의 말씀을 듣기 전에 대하게 되는 예화가 강단에 끼치는 영향은 매우 크다고 할 수 있다.

우선, 성도들이 설교를 이해하는데 도움을 주고, 둘째로 설교의 내용을 오래 기억하게 하며, 셋째는 설교를 되새길 수 있는 여유를 주는 까닭에 설교에 있어서 없어서는 안 되는 요소라 하겠다.

목회자들의 강단과 성도들의 은혜를 고려한 예화를 엮는 작업에 있어서 한치호 목사는 부족함 없는 사람이다.

그는 지금까지의 삶을 하나님의 종으로서 훌륭한 모습을 보여 왔기에, 그의 인품을 보아 좋은 책을 엮어 내리라고 기대하며, 즐거운 마음으로 추천한다.

2009년 12월
이충선 목사(경기노회 전노회장, 예장합동)

차 례

추천사 이충선 목사
들어가는 글 **더이상 무거운 짐이 아니다**

1. 내가 약한 그때에

1. 은행장_18
2. 가치 있는 수고_20
3. 고난은 메기와 같다_22
4. 고난을 견디는 힘_24
5. 고통을 나누는 사랑_26
6. 날지 못하는 독수리_28
7. 문제가 하나도 없는 직장_30
8. 미즈느겐조 이야기_32
9. 벼룩을 주신 하나님_34
10. 아들의 죽음_36
11. 삶의 위기를 극복하는 방법_38
12. 소설 성채의 저자는 A.J크로닌_40
13. 시련을 이긴 사람_42
14. 신 레몬으로 레몬차를 만들어라_44
15. 실명도 하나님의 도구_46
16. 악마들의 가장 값비싼 무기_48
17. 고난은 변화의 시작이다_50

18. 영광의 주인공_52
19. 고난의 가치_54
20. 요나가 다닌 신학대학_56
21. 우리가 그대 곁에 있음을 잊지 말라_58
22. 고난을 통해 능력을 얻는 역설_60
23. 이동원 목사의 간증_62
24. 이심전심(以心傳心)_64
25. 존 번연과 천로역정_66

2. 넉넉히 이기느니라

1. 지선이의 행복_70
2. 진주와 같은 삶_72
3. 축복이 된 짐_74
4. 프랑크 밴더 마아틴_76
5. 핍박받는 자의 복_78
6. 흙덩이를 뚫고_80
7. 희망을 심어준 기사_82
8. 희망을 잃지 마세요_84
9. 살아있는 것 자체만으로도 감사_86
10. 암흑 가운데서도 노래할 수 있는 이유_88
11. 데스벨리의 희망_90
12. 희망을 제련하는 하나님의 용광로_92
13. 역경에서 승리_94
14. 새롭게 시작하자_96
15. 고난에서 승리하자_98

16. 고난 중의 빛_100
17. 고난이 유익이다_102
18. 인생에서 축복의 때_104
19. 세 개의 강을 건너라_106
20. 역경을 극복한 레나마리아_108
21. 신앙의 선택은 영원을 좌우 한다_110
22. 암스트롱의 자전거_112
23. 감당할 시험_114
24. 염려가 부르는 죽음_116
25. 고통을 동반하는 기쁨_118

3. 환난중에 즐거워 하나니

1. 번민을 벗는 방법_122
2. 여러 가지 근심_124
3. 걱정이 없는 사람_126
4. 빵 한 조각_128
5. 구두쇠와 금덩이_130
6. 산악인 제이미 앤드루_132
7. 끝까지 가져가는 것_134
8. 뽀빠이와 맥고인티_136
9. 산꼭대기 나무가 단단하다_138
10. 시련 앞의 인생_140
11. 빙점의 저자_142
12. 베스파시안_144

13. 렘브란트의 신앙고백_146
14. 오프라 윈프리 이야기_148
15. 두 나무 이야기_150
16. 유대인과 삶은 달걀_152
17. 포스베리 엉덩방아_154
18. 인간과 희망_156
19. 무덤이 곧 희망_158
20. 화가 솔맨_160
21. 고난의 의미_162
22. 고난 중에도 평안하려면_164
23. 역경의 선생_166
24. 80세의 화가 안나_168
25. 역경 가운데 사는 비결_170

4. 고난에 참여하는 것으로

1. 역경은 불과 같다_174
2. 역경은 사람을 강하게 만든다_176
3. 고통은 새로운 기회이다_178
4. 절망이 희망이 되는 것_180
5. 절망의 늪 속에서도_182
6. 하나님 안에서 절망이란 없다_184
7. 고난은 창조의 어머니_186
8. 고난의 날에_188
9. 속삭임의 시험_190
10. 값진 시련_192

11. 해리 트루먼 효과_194
12. 시련에 맞서는 인생_196
13. 강인한 소나무_198
14. 사막에 핀 꽃_200
15. 단지 15분뿐인 인생_202
16. 불굴의 사나이_204
17. 성도가 시험 당할 때_206
18. 주님을 위하여 고통당하는 자_208
19. 고통 중에 감사_210
20. 나를 버리셨다고 낙망할 때_212
21. 좌절을 이기지 못하고_214
22. 좌절감의 길목에서_216
23. 화씨 56도의 냉동 화차_218
24. 눈물 흘린 손_220
25. 아버지의 눈물_222

고난의 선물

고난은 죄를 씻어준다.

고난은 인생을 씻어 깨끗하게 한다.

고난은 인생을 깊게 만든다.

이마 위에 깊은 주름살이 갈 때

마음속에 깊은 지혜가 생기고,

살을 뚫는 상처가 깊을 때

영혼에서 솟아오르는 향기가 높다.

평면적 세속적 인생관을 가진 사람은

고난의 잔을 마셔보지 못했기 때문이다.

고난은 인생을 위대하게 만든다.

고난을 견디어 냄으로써 생명은 한 단계씩 진화한다.

핍박을 받음으로써

오히려 상대방을 포용하는 관대함이 생기고

궁지와 형벌을 참음으로써 자유와 고귀함을 얻을 수 있다.

개인에게나 민족에게나 위대한 성격은 고난의 선물이다.

- 열린편지/함석헌의(뜻으로 본 한국역사) 중에서 -

설교에 맛을 내는 예화5-고난, 역경

더 이상 무거운 짐이 아니다

이스라엘에 「새들의 날개들」이라는 동화가 있다.
하나님께서 동물들을 만드셔서 각기 살도록 축복하셨다. 산으로 들로 바다로 내보내셨다.

그런데 새들이 불평했다. 다른 동물들은 튼튼한 네다리를 주셨는데, 왜 새들에게는 두 다리만 주시면서 길고 가늘게 주셨냐고 말이다. 더군다나 다리는 가냘픈데 어깨에는 무거운 짐을 주셨냐고 불평이다.

하나님은 빙그레 웃으시면서 너희들이 무거운 짐이라 생각하는 그 날개로 한 번 훨훨 날아 보거라 하셨다. 자기가 가장 무겁다고 생각한 독수리가 날개를 흔드니 저 높은 창공을 훨훨 날아갔다. 날개는 더 이상 무거운 짐이 아니라 비상하는 날개였다.

우리는 고통 때문에 오히려 더 성화될 수 있으며 비상할 수 있다. 고난은 변장된 축복인 것이다. 기독교 신앙은 전화위복의 역설적인 은혜를 강조하고 있다. 인생에는 순풍과

역풍이 둘 다 필요하다. 하나님의 섭리적인 은총으로 모든 것을 다 들여다보시고 하나님의 자녀들을 위해서 완벽한 시나리오로 우리의 인생을 이끌어 가시기 때문이다.

고통 뒤에는 하나님의 복된 섭리가 있다. 인생에 당하는 길목마다 하나님의 완벽한 섭리인 목적과 계획이 이루어지고 있다. 하나님은 완벽한 계획을 가지고 우리인생을 이끌어가고 계신다.

피할 길을 내사

고난으로 말미암아 하나님 앞에 더 기도하도록 만드시는 하나님의 방법이다. 하나님의 사랑하는 백성들에게 고난을 주신 하나님의 뜻이 있다. 그들이 부르짖고 기도할 때에 하나님께서 그 기도를 들으시고 상달하신다. 그것은 기도가 하나님께로 올라갔다는 것이다. 기도가 땅에 떨어지지 않고 하나님께 상달되기를 바란다.

고난은 우리가 생각할 때에 아프고 좋은 것은 아니지만, 하나님의 관심 중에 하나님의 뜻으로 고난을 주신다. 고난 때문에 우리는 깨끗해지고 겸손하게 되는 것이다.

고난을 통해 하나님은 우리에 삶에 더욱 풍성하게 개입하고자 하신다.

"사람이 감당할 시험 밖에는 너희에게 당한 것이 없나니 오직 하나님은 미쁘사 너희가 감당치 못할 시험 당함을 허락지 아니하시고 시험 당할 즈음에 또한 피할 길을 내사 너희로 능히 감당하게 하시느니라"(고전 10:13).

우리가 감당치 못할 시험 당함을 원치 않으시고 하나님은 미쁘사 시험 당할 때 피할 길을 내사 우리로 능히 감당케 하신다고 성경은 말하고 있는 것이다. 우리에게 하나님이 고난을 주실 때라도 감당치 못할 고난은 안주신다.

우리가 능히 감당할 수 있는 고난을 주셔서 그 가운데서 하나님께 기도하고 기다리고 부르짖어서 하나님 만나서 더 큰 축복을 받도록 하기 위한 것이다.

좌우간 하나님은 우리에게 하나님 자신을 나타내기를 원하시는 것이다. 하나님을 만나야 무슨 일이 되는 것이다. 하나님 만나지 못하면 아무리 하나님에 대한 이야기를 하더라도 이야기에 불과한 것이다.

하나님은 우리가 감당치 못할 시험 당하기를 원치 아니하시고 시험을 당할 때는 피할 길도 예비하셔서 우리로 능히 감당케 하시고 하나님의 영광을 체험하게 만들어 주시는 것이다. 그러므로 여러분 결코 여러분의 삶 속에 다가오는 고난으로 인하여 낙심하지 말아야 한다.

언제나 고난이 오면 하나님이 따라 오시고 체험이 오면 환난이 오면 뒤에 하나님이 따라 오셔서 하나님이 여러분에게 나타내 주시고 영광을 보여 주시게 되는 것이다.

01
내가 약한 그때에

그러므로 내가 그리스도를 위하여 약한 것들과 능욕과 궁핍과 박해와 곤고를 기뻐하노니 이는 내가 약한 그때에 강함이라(고후 12:10).

01 은행장

　미국의 저명한 은행의 은행장인 다우링이 상이용사들의 초청을 받아 특강을 하게 되었다. 그런데 그는 특강을 하면서 상이용사들을 막 공격했다.
　"당신들은 패배주의자들, 남을 의지하고 국가의 연금을 축내며 되는 대로 먹고 마시며 놀기만 하는 나쁜 사람들입니다. 왜 열심히 일하지 않고 자꾸 의지하려고만 …."
　나라를 위해 싸우다 부상당한 상이용사들을 면전에서 그렇게 공격하니 그들이 화가 나서 그에게 맥주병과 재떨이를 던지며 욕설을 퍼부었다. 그래도 그는 "당신들이 잘못하고 있고, 당신들의 자세가 잘못된 것입니다."라고 계속해서 공격했다.
　그러자 상이용사들이 미친 듯이 일어섰다. 그때 그는 자신의 한쪽 옷소매를 걷어 올렸다. 쇠갈고리가 나왔다. 다른 소매도 걷어 올렸다. 양팔 모두 가짜 팔이었다. 그는 바지도 걷어 올렸다. 양다리도 다 나무다리였다.
　갑자기 분위기가 숙연해졌다.
　"여러분, 나는 열두 살 때 교통사고를 당했는데, 눈 위에

10시간 동안 버려져 있었습니다. 그 바람에 두 팔과 두 다리를 다 잘라야만 했다. 나는 열두 살에 두 팔과 두 다리를 다 잃었습니다. 하지만 나는 의욕을 갖고 '이대로 최선을 다하며 살리라. 남에게 신세지지 않고 살리라. 나는 성공하리라.'라고 각오하고 최선을 다해 살아서 이렇게 은행장이 되었습니다. 양팔과 양다리가 없는 나도 노력해서 은행장이 되었는데 당신들은 나보다 낫지 않습니까? 왜 그냥 먹고 놀기만 합니까?"

모든 상이용사들이 유구무언이었다. 그들이 얼마나 큰 감동을 받았겠는가?

 예화와 관련된 말씀

그런즉 가장 작은 일도 하지 못하면서 어찌 다른 일들을 염려하느냐(눅12:26).

자기의 일을 게을리 하는 자는 패가하는 자의 형제니라(잠 18:9).

02 | 가치 있는 수고

유명한 영국 사상가 가운데 토마스 칼라일이라는 사람이 있는데 그의 평생소원은 '불란서 혁명사'라는 책을 쓰는 것이었다. 그는 자기가 쓴 책을 통하여 유럽 땅에서 더 이상 피비린내 나는 전쟁의 역사가 되풀이되지 않고 인간다운 민주주의와 건강한 국민의 문화가 꽃피우기를 원했다. 그래서 그는 정성을 다해 거의 10년에 걸쳐 원고를 썼다.

그리고 완성하기 전 절친한 친구이자 철학자였던 존 스튜어트 밀에게 마지막으로 원고의 검토를 맡겼다. 스튜어트 밀은 서재에서 친구가 보낸 원고를 검토하다가 너무 피곤해서 그대로 침대로 가 잠이 들었다.

그런데 다음날 아침 그 집 하녀가 서재를 청소하다가 방에 흐트러져 있는 원고지를 보고 쓰레기인 줄 알고 한꺼번에 집어서 불 속에 넣었다. 토마스 칼라일의 그 길고 긴 노력과 수고는 한순간 수포로 돌아갔다. 그는 낙담한 채 서너 달 동안 자는 것과 먹는 것조차 하지 않고 고민에 빠졌으며 생의 의욕조차 완전히 잃어 버렸다.

그런데 어느 비오는 날 그가 하염없이 창밖을 바라보고 있을 때였다. 비가 서서히 그치자 자기의 집 앞에 새집을 짓는 일꾼들이 하나둘 나타났다. 그들은 터를 닦고 줄을 놓은 후 벽돌을 하나하나 쌓았다. 그러다 벽돌이 조금이라도 맞지 않으면 다시 허물고 다시 쌓고 하였다. 허물고 쌓는 일을 반복하면서 차근차근 벽돌을 쌓는 그 광경을 보던 토마스 칼라일은 무릎을 쳤다.

"한 채의 집을 짓기 위해서도 저토록 정성스러운 노력과 정성이 필요한데 유럽의 역사를 다시 일으켜 세우기 위한 일에 내가 다시 땀을 흘리지 못할 이유가 어디 있을까?"

그는 다시 원고를 쓰기 시작했다. 가치 있는 일에는 가치 있는 도전이 필요하다.

 예화와 관련된 말씀

우리가 선을 행하되 낙심하지 말지니 포기하지 아니하면 때가 이르매 거두리라(갈 6:9).

03 고난은 메기와 같다

 세계의 존경을 받는 역사가 토인비(Arnold Toynbee) 박사가 즐겨하던 이야기 하나를 소개한다.

 북쪽 바다에서 청어잡이를 하는 어부들의 가장 큰 관심사는 어떻게 하면 북해도로부터 먼 거리에 있는 런던까지 청어를 싱싱한 모습 그대로 살려서 가지고 갈 수 있을까 하는 것이었다.

 모든 어부들이 관심을 쓰고 잘 해도 배가 런던에 도착해보면 청어들은 거의 다 죽어 있는 것이어서 언제나 골치였다. 그런데 한 어부만은 언제나 북해에서 잡은 청어들을 싱싱하게 산 채로 런던에 가지고 와서 큰 재미를 보는 것이었다. 동료 어부들이 이상해서 그 어부에게 물어보았으나 그는 비밀이라고 하며 그 이유를 가르쳐 주지 않는 것이었다.

 드디어 많은 동료들의 압력에 못이기는 척 그는 입을 떼고 말했다.

 "나는 청어를 잡아넣은 통에다 메기를 한 마리씩 집어넣습니다."

 그러자 모든 어부들이 눈을 휘둥그레 뜨면서 "그러면 메기가 청어를 잡아먹지 않소?"라고 이구동성으로 물었다.

그는 통쾌하게 웃으면서 "네, 메기가 청어를 잡아먹습니다. 그러나 놈은 두세 마리밖에는 못 잡아먹지요. 그 대신 통 안에 있는 수백 마리의 청어들은 잡혀 먹히지 않으려고 계속 도망쳐 다니지요. 런던에 올 때까지 청어들은 마치 올챙이들처럼 열심히 도망 다니고 있습니다. 먼 길 후에 런던에 도착해 봐도 청어들은 여전히 살아서 싱싱합니다. 다 살아있거든요!"

고난은 메기와 같은 것! 기독교인을 싱싱하게 살아있게 만든다.

예화와 관련된 말씀

내 형제들아 너희가 여러 가지 시험을 당하거든 온전히 기쁘게 여기라(약 1:2).

너희 중에 고난당하는 자가 있느냐 그는 기도할 것이요 즐거워하는 자가 있느냐 그는 찬송할지니라(약 5:13).

04 | 고난을 견디는 힘

주기철 목사님은 순교하시기 직전에 마지막으로 감옥에서 한 번 풀려나게 되었다. 그러나 이것은 일본 경찰의 시험이었다. 그들의 생각에는 이 정도로 모진 고난을 받았으면 생각이 달라졌을 것이라며 목사님을 한 번 시험 삼아 내 보냈던 것이다. 그러나 목사님은 엉망진창이 된 몸을 이끌고 교회로 직행했다. 온 교우들이 목사님을 만났을 때는 이미 일본 경찰대와 경찰대 소속의 고등계 형사들이 교회의 자리를 메우고 있었다.

목사님은 일본 경찰이 감시하는 그 자리에서 마지막으로 설교를 했다. 그가 이 땅에서 남긴 마지막 설교의 제목은 '다섯 가지 종류의 기도' 였다.

첫째로, '죽음의 권세를 이기게 하옵소서.' 그 분은 그 분 앞에 다가오는 죽음을 보고 있었던 것이다. 죽음의 권세를 이기게 하옵소서. 두 번째는 '장기간의 고난을 견디게 하옵소서.' 그는 감옥으로 돌아가 다시 고난과 투쟁할 각오를 하고 있었던 것이다. '장기간의 고난을 견디게 하옵소서. 짧은 고난은 내가 어쩌다 견딜 수가 있겠지만, 그 고난이 장기간이 되면 나도 주님을 부인할까 봐 두렵습니다. 장기간의 고난을 견디게 하옵소서.' 세 번째로 '나의 노모와 처자와 나의 사랑하는 교우들을 주님이 돌봐 주십시오'. 그리고 네 번째, '의(義)에 살고 의에 죽게 하옵소서.' 마지막 다섯 번째로 '내 영혼을 주께 부탁하나이다.'

주기철 목사님은 이 마지막 설교를 끝내시고는 마지막 돌아 올 수 없는 그 길로 걸어 가셨다.

주기철 목사님의 간증을 들으며 그 분은 초인적인 사람이기 때문에 고난을 이겼다고 생각했지만 주 목사님의 아드님은 이런 얘기를 해주었다.

"아들의 입장에서 볼 때 우리 아버지는 그렇게 초인적인 분이 아니며 그렇게 강한 분도 아니었습니다. 그런데 그 길을 갈 수 있었던 이유는 그 아내의 기도, 그리고 또 하나는 교우들의 기도, 무엇보다 하나님이 도와주신 것입니다. 성령님의 도우심이 아니었다면 아버지는 그 길을 갈 수가 없었을 것입니다."

예화와 관련된 말씀

> 생각하건대 현재의 고난은 장차 우리에게 나타날 영광과 비교할 수 없도다(롬 8:18).

05 고통을 나누는 사랑

　인디아나 주의 작은 마을에서 일어난 일이다. 15세의 소년인 '브라이언'이 뇌종양으로 고통 받고 있었다.

　브라이언의 병은 매우 심각해서 병원에서 가장 강한 치료를 받게 되었다. 그 치료는 방사능 치료와 화학치료 요법이었다.

　그 결과 브라이언의 머리카락은 모두 빠지고 말았다. 브라이언은 자신의 모습을 보고 커다란 좌절을 했다.

　학교에 가야하는 데 머리가 다 빠져버린 자신의 모습이 너무 못나 보였기 때문이었다.

　이 소식을 들은 같은 반 친구들이 브라이언을 돕기를 희망했다.

　학생들이 브라이언을 돕기 위한 방법은 이러했다.

　모든 학생들이 브라이언과 같이 삭발을 하고 학교를 다니자는 내용이었다.

　학생들은 자기들을 삭발을 하게 해 달라고 자신의 부모들에게 승낙을 받아냈다.

　그리고 브라이언이 등교하던 그 날 브라이언은 기쁨과 감동의 눈물을 흘렸다.

자신의 친구들과 모든 학생들이 자신과 똑같이 삭발을 하고 있는 모습 때문이었다.

이 일은 너무나 많은 사람에게 감동이 되어 신문에 까지 실리게 되었는데, 신문에는 가족들이 자랑스럽게 지켜보는 가운데 아들의 머리를 삭발하고 있는 어머니의 사진이 실려 있었다.

그리고 그 뒤 배경에는 똑같은 모습으로 삭발을 한 수많은 학생들이 서 있었다.

 예화와 관련된 말씀

친구는 사랑이 끊어지지 아니하고 형제는 위급한 때를 위하여 났느니라(잠 17:17).

둘째는 이것이니 네 이웃을 네 자신과 같이 사랑하라 하신 것이라 이보다 더 큰 계명이 없느니라(막 12:31).

06 | 날지 못하는 독수리

어떤 조류학자가 독수리 새끼를 길렀다. 그런데 독수리 새끼를 어디다 길렀는가 하면 병아리하고 같은 곳에 넣어서 길렀다. 그러니까 독수리 새끼가 자라나면서 꼭 병아리처럼 행동을 했다. 독수리 새끼는 주변을 봐야 병아리밖에 없으니까 병아리처럼 걷고, 병아리처럼 삐약삐약 노래했다.

세월이 흘러 새끼들은 많이 자랐다. 그런데 이 독수리 새끼는 전혀 독수리다운 근성을 드러내지 않고 꼭 병아리 같았다. 조류학자는 독수리가 완전히 병아리로 퇴화를 했는지 아니면 닭이 되었는지 궁금한 생각이 들었다.

그래서 이제 청년이 된 독수리에게 독수리의 근성이 남아 있는지 실험을 했다. 독수리를 마당에 갖다 놓고 날도록 했다. 그런데 독수리는 날지 못하고 푸득 푸득, 삐약삐약거리며 날지 못했다.

그 다음으로 조류학자는 장소를 바꾸어 청년 독수리를 데리고 산으로 올라갔다.

그리고는 산 높은 곳에서 푸른 숲을 보여주고 산 공기를 맑게 하고 날도록 해 보았다. 그랬더니 역시나 삐약삐약거리며 또 내려앉아서 다시는 날 생각을 하지 않았다. 그 순간 갑자기 강력한 바람을 뚫고 다른 독수리 한 마리가 세차게 산을 향해서 올라가는 모습이 보였다. 그 모습을 주시하고 있던 이 독수리가 갑자기 날개를 퍼덕거리더니 하늘을 향해 비상하려고 했다.

드디어 청년 독수리는 날기 시작했다. 그 독수리는 더 이상 병아리가 아니었다. 이제는 독수리 왕자가 된 것이다. 하나님의 자녀인 우리가 세상 사람들처럼 조금 어렵다고 해서 그것 때문에 좌절하고 주저앉아 낙심한다면 날지 못하는 독수리와 같다.

 ## 예화와 관련된 말씀

> 그 바라는 것은 피조물도 썩어짐의 종 노릇 한 데서 해방되어 하나님의 자녀들의 영광의 자유에 이르는 것이니라(롬 8:21).

07 | 문제가 하나도 없는 직장

금세기에 적극적인 사고방식을 통해서 많은 사람들에게 감동을 주었던 유명한 노르만 빈센트 필 목사님의 이야기이다.

어느 날 빈센트 필 목사님에게 청년 하나가 찾아와서 이렇게 부탁했다.

"목사님, 제가 다니는 직장에는 너무너무 문제가 많습니다. 문제없는 직장을 하나 소개해 주시죠."

그의 부탁에 빈센트 필 목사님이 두말하지 않고 흔쾌히 허락했다.

"아, 그러십니까? 내가 마침 생각나는 직장이 하나 있는데 지금 내 차를 함께 타고 가시죠."

"아? 지금 소개해 주겠어요?"

"그럼요. 지금 소개하죠. 내 차를 타세요."

그래서 그는 이 청년을 자신의 차에 태우고 드라이브를 했다. 뉴욕 시외로 나가더니 갑자기 이 빈센트 필 목사님이 공동묘지 앞에 차를 딱 세우며 이렇게 말하는 것이다.

"형제여, 여기가 문제가 하나도 없는 직장입니다. 문제가 하나도 없는 직장!"

우리가 산다는 것은 문제와 더불어 살아가는 것을 의미한다. 문제없기를 바라는 사람이 더 피곤한 인생을 살 수 밖에 없다.

 예화와 관련된 말씀

우리의 연수가 칠십이요 강건하면 팔십이라도 그 연수의 자랑은 수고와 슬픔뿐이요 신속히 가니 우리가 날아가나이다(시 90:10).

자녀이면 또한 상속자 곧 하나님의 상속자요 그리스도와 함께 한 상속자니 우리가 그와 함께 영광을 받기 위하여 고난도 함께 받아야 할 것이니라(롬 8:17).

08 | 미즈느겐조 이야기

　일본의 불구 시인 미즈느겐조에 관한 이야기이다. 그는 초등학교 4학년 때 이질로 몹시 앓다가 심한 고열로 뇌성 소아마비가 되어 전신이 마비되고 말았다. 단지, 귀로 듣고 눈으로 보고 머리로 생각하는 것 이외에는 말도 못하고 팔다리도 전혀 쓰지 못하는 불구자가 되었다.

　그러한 절망적인 그에게 하나님은 두 사람의 은인을 보내주셨다. 한 사람은 마이오 목사로서 그에게 복음을 심어 주었다.

　다른 한 사람은 그 어머니 우메지 여사로서 그가 믿음을 간직할 수 있도록 도와주었다. 성경을 읽을 때도 누가 넘겨주지 않으면 읽을 수 없다. 다행히 녹음기를 들을 수 있어서 신구약 성경을 녹음으로 여러 차례 들을 수 있었다.

　그는 특별히 고린도후서 12장에 있는 바울이 3층천에 올라갔다 온 이야기와 그러한 신앙의 깊은 체험을 했음에도 불구하고 그에게는 일생을 괴롭힌 가시가 있었다는 바울의 간증을 들으면서 마음이 뜨거워지기 시작했다.

　특별히 "내가 약할 때 곧 강함이니라" 한 그의 고백을 읽으면서 놀라운 삶의 변화를 경험하게 되었다. 이 은혜를 받고 믿음 안에서 살 때 그렇게 모든 것이 감사할 수가 없었다. 그래서 그는 많은 시를 써서 그에게 감사를 표현했다. 그가 쓴 170편의 시를 일본의 여류작가 미우라 아야꼬가 묶어서 1975년도에 출판했다. 그랬더니, 베스트셀러가 되어서 한 해 동안에 6판을 찍어내게 되었다.

 예화와 관련된 말씀

> 그러므로 내가 그리스도를 위하여 약한 것들과 능욕과 궁핍과 박해와 곤고를 기뻐하노니 이는 내가 약한 그 때에 강함이라 (고후 12:10)

09 | 벼룩을 주신 하나님

　나치 독일의 수용소는 그야말로 고생이 많고, 감시도 심했다. 사람들은 감방에 벼룩이 많아 견딜 수가 없게 되었다. 온몸이 스멀거리고 따끔거려서 괴로웠다. 그래서 어떤 이들은 원망, 불평하였다.

　이런 가운데서도 베시는 "하나님, 감사합니다."라고 하였다. 그녀는 환한 얼굴로 감사하다고 하였다.

　그러자 코리 텐 붐은 그녀의 행동이 이해되지 않았다. 그래서 "왜 감사하다고 하느냐?"라고 물었다.

　그러자 그녀가 말하기를 "성경에 범사에 감사하라고 하지 않았어? 그러니 이 또한 얼마나 감사한 일이야 언니?" 라고 대답하였다.

　그러던 어느 날, 그 감방의 사람들은 성경을 공부하자는 제안을 하였다.

　"우리, 시간이 있으니 몰래 성경공부 좀 합시다."

　그래서 다들 모여앉아 성경공부를 하기 시작했다. 독일군이 감시하러 오면 성경을 보지 않는 척 숨겼다가 또 독일군이 물러가면 공부하였다. 그러나 감시가 너무 심해서 성경공부를 하기가 어려웠다.

그런데 감시자가 오지 않았다. 왠일인가 싶어 가만히 살펴보았더니 감시자가 가까이 왔다가 그냥 가버리는 것이었다. 감시자는 혼잣말로 "이 감방에는 들어가고 싶지 않아, 벼룩이 너무 많아서 여기에만 왔다 가면 하루 종일 따끔거리거든" 하면서 중얼거렸다.

베시가 "벼룩을 주신 하나님 감사합니다."했더니 감시자가 오지 않았던 것이다. 그래서 마음 놓고 성경공부를 할 수 있었다.

 예화와 관련된 말씀

여호와께 감사하라 그는 선하시며 그 인자하심이 영원함이로다(대상 16:34).

강한 손과 펴신 팔로 인도하여 내신 이에게 감사하라 그 인자하심이 영원함이로다(시 136:12).

10 | 아들의 죽음

　어느 곳에 행복한 가정이 있었다. 두 부부와 어린 아들과 셋이서 남부럽지 않게 살고 있었다. 어느 날 남편이 아들과 같이 사냥을 나갔다. 아들은 산 밑에 두고, 짐승을 쫓아서 점점 깊은 산 속으로 들어갔다. 그날은 한 마리도 잡지 못했는데, 어느덧 날이 저물어 갔다. 그래서 아버지는 처음 아들이 있는 곳으로 돌아왔다.

　그런데 그만 어떤 사나운 짐승이 사랑하는 아들을 물어 죽였다. 아버지는 죽은 아들을 안고 한없이 울다가 하는 수 없이 아들의 시체를 거적에 둘둘 말아 가지고 집으로 돌아와서 아내에게 급해 말했다.

　"오늘 내가 깊은 산에 가서 특별한 짐승을 잡아왔는데 이것은 아주 유별난 것이어서, 지금까지 불행한 일을 한 번도 당해 보지 않은 가정의 솥을 빌려다가 요리를 해야 하니까 지금 즉시 그런 집의 솥을 빌려오도록 하시오."

　그래서 아내는 마을로 나갔다. 그러나 온 동리를 다녀도 지금까지 불행이나, 슬픔을 당해 보지 않은 가정은 없었다. 끝내는 솥을 빌리지 못하고 돌아와서 남편에게 말했다.

"온 마을을 헤매였지만 그런 집은 없어서 솥을 빌리지 못하고 그대로 돌아왔소."

그러자 남편이 말했다.

"마을 사람들이 모두가 불행한 일을 한 두 번씩은 다 겪어본 모양이구려, 그럼 이제는 우리가 불행한 일을 당할 차례요." 하면서 죽은 아들의 시체를 풀어놓았다.

 예화와 관련된 말씀

사람이 감당할 시험 밖에는 너희가 당한 것이 없나니 오직 하나님은 미쁘사 너희가 감당하지 못할 시험 당함을 허락하지 아니하시고 시험 당할 즈음에 또한 피할 길을 내사 너희로 능히 감당하게 하시느니라(고전 10:14).

11 | 삶의 위기를 극복하는 방법

어떤 비행사가 비행기를 몰고 가는데 엔진에서 찍찍거리는 소리를 듣게 되었다. 그는 직감적으로 엔진 속에 생쥐가 들어가 있다는 것을 알게 되었다. 이 비행사는 긴장하기 시작하였다. 만약 이 생쥐가 전선 하나라도 건드린다면 치명적인 고장을 일으킬 수 있기 때문이다.

그때 이 비행사는 무엇을 했을까?

그가 순간적으로 생각한 것은 얼른 비행기를 높은 곳으로 몰고 가야겠다고 판단한 것이다.

쥐 한 마리를 잡기 위해 핸들을 놓거나 안전벨트를 풀어헤치지 말아야겠다는 판단이었다. 그는 산소마스크를 쓴 채 가능한 높이높이 비행기를 몰고 갔다. 얼마 후에 찍찍거리는 소리는 멈추었고, 지상에 내려와 살펴보니 엔진 속에 쥐 한 마리가 죽어있는 것을 발견하였다.

그렇다. 우리 생활 속에 삐걱거리는 게 있으면 이 조종사처럼 높은 곳으로 올라가야 한다. 삶의 위기가 있으면 높이 올라가야 한다.

사업에 문제가 있을 때 기도의 빨간 신호등이 켜져 있다는 것을 알아야 한다. 우리의 삶의 문제를 해결하는 열쇠는 높으신 하나님을 바라보며 기도하며 그에게 간구하는 것이다. 삶의 위기를 극복하는 열쇠가 여기에 있다.

 예화와 관련된 말씀

> 너희 중에 고난당하는 자가 있느냐 그는 기도할 것이요 즐거워하는 자가 있느냐 그는 찬송할지니라(약 5:13).
>
> 자녀이면 또한 상속자 곧 하나님의 상속자요 그리스도와 함께 한 상속자니 우리가 그와 함께 영광을 받기 위하여 고난도 함께 받아야 할 것이니라(시 119:50).

12 | 소설 성채의 저자는 A.J크로닌

세계적으로 많이 읽히는 소설 성채의 저자는 A.J크로닌이다. 그는 본래 의사였다. 그러나 그는 건강이 나빠져서 의사직을 포기할 수 밖에 없게 되었다.

그는 조그만 시골에서 좌절과 고민가운데서 풀죽은 모습으로 지낼 수밖에 없었다.

하지만 그는 힘없이 삶을 살고 있는 자신의 한심한 모습을 보고 다시 힘을 내기 시작하였다.

그는 펜을 잡고 글을 쓰기 시작했다. 한동안 그는 글을 쓰는 데 모든 사력을 다했다. 그리고 글이 완성되었다.

그러나 그는 그 글이 너무 보잘 것 없어 보여 사람들 앞에 내놓을 수 없다고 생각했다.

그는 그것을 쓰레기통에 던져 버렸다. 하지만 자신의 노력으로 만들어진 그 원고를 쉽게 내어 버릴 수는 없었다.

그 원고는 자신의 시간과 노력이 고스란히 담겨있는 자신의 피조물이었기 때문이다.

그렇게 쓰레기 통에 들어간 원고를 정리하여 그는 원고를 출판사와 계약을 맺어 책을 출간하게 되었다.

드디어 그 글이 "성채"라는 제목의 책으로 출간되었다.

그 책은 수많은 사람들에게 놀라운 감명을 주는 책이 되었고 많은 삶의 사랑을 받는 책이 되었다. 그는 의사로서의 삶은 좌절되었지만 시골에서의 작가로서의 삶은 성공하였다.

 예화와 관련된 말씀

주께서 나의 슬픔이 변하여 내게 춤이 되게 하시며 나의 베옷을 벗기고 기쁨으로 띠 띠우셨나이다(시 30:11).

주의 법이 나의 즐거움이 되지 아니하였더면 내가 내 고난 중에 멸망하였으리이다(시 119:92).

장정이라도 죽으면 어찌 다시 살리이까 나는 나의 모든 고난의 날 동안을 참으면서 풀려나기를 기다리겠나이다(욥 14:14).

13 | 시련을 이긴 사람

　미국의 저명한 흑인 과학자요, 작가요, 교육가인 부커 텔리아페로 워싱턴(1859-1915)은 인내의 사람이었다. 그는 대학에 가서 공부하고 싶었으나 흑인이라고 받아주는 학교가 없었다. 다행히도 흑인도 입학시켜 주는 대학이 있음을 알고 수백 마일을 걸어서 찾아갔다.

　그러나 학교에 도착하니 이미 모집정원이 차서 허락할 수 없다고 했다.

　그러나 며칠을 돌아가지 않고 애원하고 또 애원하여 그 대학의 청소부로 기용됐다. 그런데 그가 어찌나 일을 성실히 하던지 대학 측에서 감동을 받아 그에게 입학을 허락해 주었다.

　그는 많은 고난과 어려움이 닥쳐와도 조금도 굴하지 않고 끝까지 해낸 사람이다. 그는 나중에 과학자로서 한 가지 결과를 얻기 위해 700번 실험을 하였으나 실패했다.

　어떤 사람이 그에게 실망이 되지 않느냐고 물어보았다. 그때 그는 빙긋이 웃으면서 대답했다.

　"이로써 700번의 실험이 내가 아는 지식이나 방법이 성공적이 아님을 증명하였습니다"

그는 실패와 좌절이 되풀이 될 때마다 성공이 그 속에 깊숙이 숨어있다고 생각하고 또다시 묵묵히 걸어온 길을 살피고 수정하여 새로운 방향을 잡았다.

 예화와 관련된 말씀

보라 인내하는 자를 우리가 복되다 하나니 너희가 욥의 인내를 들었고 주께서 주신 결말을 보았거니와 주는 가장 자비하시고 긍휼히 여기시는 이시니라(약 5:11).

의인은 고난이 많으나 여호와께서 그의 모든 고난에서 건지시는도다(시 34:19).

14 | 신 레몬으로 레몬차를 만들어라

미국 사람들은 자동차 범퍼에다 여러 가지 종류의 스티커를 많이 붙이고 다니는 것을 자주 보게 된다. 그 많은 범퍼 스티커 가운데 이런 스티커가 하나 있다.

'아주 쓰고 신 레몬을 주거든, 그것을 레모네이드 차로 만들어라'(When life hands you a lemon, Make lemonade).

이 말은 쓰디쓴 인생의 경험이 오히려 달콤하고 아름다운 인생의 축복으로 변모할 수가 있다는 놀라운 사실을 말해 주고 있다. 신 레몬을 달콤한 레몬차로 만들어 마시라는 말이다.

시험을 통해서 주님이 나에게 주실 궁극적인 유익과 소망을 바라볼 수 있는 사람이라면 이 시험은 결코 파괴적인 것만은 아니다.

내가 믿음의 사람이 되고, 내가 인내의 사람이 되고, 내가 지혜의 사람이 되고, 내가 하나님의 기뻐하는 사람이 되어 주 앞에 서 있게 될 것이다.

그렇다면 시험의 폭풍우 속에서도 우리는 노래할 수가 있다. 울면서도 찬양할 수 있다.

그리고 마침내 예수 그리스도의 인격을 만들어 갈 수 있을 것이다.

 예화와 관련된 말씀

여호와여 나를 살피시고 시험하사 내 뜻과 내 양심을 단련하소서(시 26:2).

우리에게 여러 가지 심한 고난을 보이신 주께서 우리를 다시 살리시며 땅 깊은 곳에서 다시 이끌어 올리시리이다(시 71:20).

주께서 내게 이같이 행하실진대 구하옵나니 내게 은혜를 베푸사 즉시 나를 죽여 내가 고난 당함을 내가 보지 않게 하옵소서(민 11:15).

15 | 실명도 하나님의 도구

「어둠을 비추는 한 쌍의 촛불」이라는 책을 쓴 강영우씨는 14세까지 정상시력을 가졌었다.

외상에 의한 망막박리로 시력을 잃어가는 4, 5년 동안 약시로 사물을 볼 수 있었으나 여러 번의 수술 실패로 완전히 실명하게 되었다.

강영우씨는 수술대 위에서 생명을 거두어 가지 않은 하나님이 원망스럽기까지 했다.

하지만 역경 속에서도 역사 하시는 하나님의 사랑을 믿고, 미국으로 장애인 최초로 정규 유학을 갔으며 3년 8개월 만에 한국 최초의 맹인 박사 학위(피츠버그대학)를 받았다.

"나의 실명은 하나님의 도구로서 맹인들에게 하나님의 말씀을 증거 하는 것으로 사용되어졌습니다"라고 그는 고백하였다.

영어로 「빛은 내 가슴에」라는 책을 저술하였는데 그것이 의외로 반응이 커서 위싱턴 포스트, 뉴욕 크리스찬헤럴드, 가이드 포스트 등의 잡지에 소개되었다.

장애인들에게 하나님의 은혜를 말할 수 있었으며, 정상인들에게는 장애인에 대한 편견을 제거할 수 있었다.

 예화와 관련된 말씀

> 그러므로 내가 그리스도를 위하여 약한 것들과 능욕과 궁핍과 박해와 곤고를 기뻐하노니 이는 내가 약한 그 때에 강함이라 (고후 12:10).
>
> 그러나 의를 위하여 고난을 받으면 복 있는 자니 그들이 두려워하는 것을 두려워하지 말며 근심하지 말고 너희 마음에 그리스도를 주로 삼아 거룩하게 하고 너희 속에 있는 소망에 관한 이유를 묻는 자에게는 대답할 것을 항상 준비하되 온유와 두려움으로 하고 선한 양심을 가지라 이는 그리스도 안에 있는 너희의 선행을 욕하는 자들로 그 비방하는 일에 부끄러움을 당하게 하려 함이라 선을 행함으로 고난 받는 것이 하나님의 뜻일진대 악을 행함으로 고난 받는 것보다 나으니라 (벧전 3:14~17).

16 │ 악마들의 가장 값비싼 무기

유대인들의 옛 이야기 가운데 이런 이야기가 내려놓고 있다.

한 악마가 죽을 때가 되어 자기가 사용해 왔던 무기를 전시해 놓고 다른 악마들에게 무기를 팔게 되었다.

악마가 내놓은 많은 무기 중에서 아주 낡은 무기가 하나 있었다.

그런데 그 무기에는 다른 것과 비교되지 않을 제일 고가의 가격이 적혀 있었다.

"도대체 이 낡고 오래 된 것에 왜 이런 고가를 붙였습니까?"

한 악마가 물었다.

이 노련한 악마 대답했다.

"너는 모른다. 이 무기가 얼마나 유용한 것인가를… 나는 이 무기로 수많은 불신자들을 지옥으로 가게 하였고 또 이 무기로 많은 크리스천들을 쓰러뜨렸다"

고 하였다.

그 무기 밑에는 바로 '절망'이란 글자가 새겨져 있었다.

절망은 크리스천들을 무너뜨릴 수 있는 가장 강한 무기가 되었던 것이다.

예화와 관련된 말씀

악인은 죽을 때에 그 소망이 끊어지나니 불의의 소망이 없어지느니라(잠 11:7).

진실로 악을 행하는 자들은 끊어질 것이나 여호와를 소망하는 자들은 땅을 차지하리로다(시 37:9).

내 영혼아 네가 어찌하여 낙심하며 어찌하여 내 속에서 불안해 하는가 너는 하나님께 소망을 두라 나는 그가 나타나 도우심으로 말미암아 내 하나님을 여전히 찬송하리로다(시 42:11).

17 | 고난은 변화의 시작이다.

　가수 조성모씨는 고등학교 2학년 때까지 반에서 5등까지 밀려난 적이 없는 모범생이었다고 한다. 그러던 그의 인생이 바뀐 것은 전교생이 캠프파이어를 산정호수에서 하던 어느 날 '한 송이 저 들국화처럼'을 전교생 앞에서 부르면서부터였다고 한다. 그 후 그는 교내 보컬 그룹에 스카우트되었고 성적은 40등 대로 곤두박질쳤다. 그는 어머니 앞에 무릎을 꿇고 음악을 하겠다고 했고 어머니의 얼굴은 일그러져 아무 말씀도 못했다고 한다. 그는 고등학교를 졸업하면서 가수가 되겠다며 아예 집을 나왔고 공사장 등에서 막노동을 해가며 노래 연습하여 3년 만에 첫 앨범을 내 부모님을 찾아뵈었다고 한다.

　그러나 가수가 되었지만 방송 중에 어머니의 췌장암 소식을 들어야 했다. 어머니를 영영 못 볼지 모른다는 생각과 한때 어머니의 가슴을 멍들게 한 막둥이로서 죄책감이 밀려왔다고 한다. 그는 "하나님께 제발 어머니를 살려달라고 매달렸어요. 이제는 제가 보호해 드려야 할 때라고요."라고 했다. 그의 기도는 응답이 되었다. 그는 상태가 좋아진 어머니의 모습을 보며 속으로 마냥 '감사합니다.' 만을 되뇌었고 낮은 자를 생각하게 되었다. 2001년에는 스타선행대상을 받았고, 2002년에는 장애우를 위한 기금 모음 마라톤으로 6억원 가량의 기금을 했다고 한다. 네 차례나 마라톤을 완주한 그에게 기자가 '왜 그렇게 독하게 했느냐'라는 질문을 하자 그는 이렇게 대답했다.

"제가 하는 건가요? 하나님이 하시고 싶은 일에 저를 쓰시는 거지. '아이 귀찮아' 하면서 하는 거예요. 이번 암(퇴치) 홍보대사도 그래요. 돈이 없어서 수술 받지 못하는 어린이들을 보면서 가슴이 아팠어요. 홍보대사로서 제가 할 수 있는 일은 기금 모으기겠죠? 열심히 해서 그런 어린이들을 돕고 싶네요."

고난의 현장에서 예수님을 만나면 확실하게 미래는 새롭게 펼쳐질 것이다.

예화와 관련된 말씀

> 사람이 감당할 시험 밖에는 너희가 당한 것이 없나니 오직 하나님은 미쁘사 너희가 감당하지 못할 시험 당함을 허락하지 아니하시고 시험 당할 즈음에 또한 피할 길을 내사 너희로 능히 감당하게 하시느니라(고전 10:14).

18 | 영광의 주인공

2차 세계 대전이 끝난 후 영국 군인들이 사랑하는 고국으로 돌아오는 날, 아침부터 런던 거리에서는 전쟁에서 승리하고 돌아오는 군인들을 환영하기 위하여 수많은 시민들이 몰려들었다.

영국의 상, 하원 의원들과 귀족들이 새벽부터 길 양쪽에 자리를 잡고 기다리고 있었고, 영국 여왕이 자리에 앉자 마침내 영국 군인들의 개선 행진이 시작되었다. 그 행렬의 처음에는 육군이 앞장서고 뒤를 이어 해군과 공군이 따르며 해병대가 지나갔다.

마지막으로 한 작은 부대가 입구에 들어서자 갑자기 영국 여왕을 비롯해 귀족들과 서민들이 벌떡 일어섰다. 그리고 지나가는 그 작은 부대를 향해 한없이 박수를 쳤다.

그 작은 부대는 상이(傷痍) 군인들로 전쟁터에서 싸우다가 팔과 다리를 잃어버리거나 눈 혹은 몸뚱이 한 부분을 잃어버린 군인들로 이루어진 부대였다. 그들이야말로 개선 행렬의 진정한 스타들이었다.

이 땅에서의 모든 삶이 끝나고 역사의 주인이신 살아 계신

하나님 앞에 서는 그날에는 앞의 상이군인들처럼 예수님과 복음 때문에 고난을 받았던 사람들이 바로 주인공일 것이다.

 예화와 관련된 말씀

> 오히려 너희가 그리스도의 고난에 참여하는 것으로 즐거워하라 이는 그의 영광을 나타내실 때에 너희로 즐거워하고 기뻐하게 하려 함이라(벧전 4:13).
>
> 악인은 그의 환난에 엎드러져도 의인은 그의 죽음에도 소망이 있느니라(잠 14:32).
>
> 소망 중에 즐거워하며 환난 중에 참으며 기도에 항상 힘쓰며(롬 12:12).

19 | 고난의 가치

어느 시골에 사는 자매가 몹시도 힘들게 생활을 하고 있었다. 신앙생활을 하며 믿음으로 이겨가고 있었지만 너무도 힘들었다.

"주여, 너무도 힘듭니다! 주여 너무 힘듭니다!"

이렇게 말할 정도였다. 어느 날 꿈을 꾸는데 그녀가 커다란 십자가를 질질 끌고 가고 있었다. 그때 예수님을 만나게 되었다.

"주님 너무 힘듭니다. 주님은 목수이시지 않습니까? 이 십자가를 잘라주세요."

이에 주님은 빙그레 웃으시면서 잘라 주셨다. 자매는 꿈속에서 세 번씩이나 자기의 십자가를 잘라달라고 하였다. 한결 가볍고 편안한 듯 하였다. 그런데 갑자기 눈앞에 요단강이 보이기 시작하였다. 뒤에 오던 다른 사람들은 커다란 십자가를 강에 턱 놓더니 그 십자가를 다리 삼아 하늘나라로 건너갔다.

그런데 그 자매의 자기 십자가는 이미 손아래 들어올 정도로 너무 작았다. 자매는 너무 서러운 나머지 강가에 털썩 주저앉아 엉엉 울며 예수님을 찾았지만 이미 소용은 없었다. 그때 그 자매가 꿈에서 깨어났다. 주님의 음성이 다시 들려왔다.

"누구든지 나를 좇아오려거든 자기를 부인하고 자기 십자가를 지고 따를 지니라"

그 자매는 이에 "아멘! 아멘!" 소리쳤다.

그리스도인의 삶 속에서 고난은 필수적인가? 불행히도 그것은 "예"라고 밖에 말할 수 없을 것 같다. 예수님이 몸소 그것의 본을 세우셨다. 고난은 축복의 기회라는 이야기기도 있다.

고난이 힘들어 십자가를 잘라달라고 했던 자매의 모습, 하지만 이 역시 우리에게 남의 일이 아님을 보게 된다.

 예화와 관련된 말씀

> 내가 또 너희에게 이르노니 구하라 그러면 너희에게 주실 것이요 찾으라 그러면 찾아낼 것이요 문을 두드리라 그러면 너희에게 열릴 것이니(눅 11:9).

20 | 요나가 다닌 신학대학

데어도로 에프라는 목사님이 이런 유명한 이야기를 했다.
"요나를 삼킨 이 물고기는 얼마나 위대하냐. 이 물고기의 뱃속은 요나에게 있어서 가장 훌륭한 신학대학이었다."

맞다.

요나는 물고기의 뱃속에서 고난의 의미를 깨달았고, 하나님께로 향하게 되었으며 변화되었다. 또한 그곳에서 기도를 배웠고 하나님과 교제를 시작했으며 하나님을 생각하고 감사했다.

이 신앙의 감격을 알지 못하고 인생을 살아가는 사람들에게 주님께서 또 하나의 물고기를 예비하실 수 있다.

환난과 파도와 커다란 물고기로부터 삼킴을 당하기 전에 주님을 잘 섬기는 사람들은 정말 복된 사람일 것이다. 그가 마땅히 배워야 할 모든 교훈을 다 배웠을 때 주님께서는 물고기에게 명령하신다.

"그를 토하라!"

요나는 물고기 배에서 나왔다. 그 순간은 얼마나 감격적이고 위대한 순간이었을까?

이날은 요나가 물고기 신학대학을 졸업하는 날이었을 뿐 아니라 새 사람이 되었던 날이기도 했다.

 예화와 관련된 말씀

만일 그리스도인으로 고난을 받으면 부끄러워하지 말고 도리어 그 이름으로 하나님께 영광을 돌리라
(벧전 4:16).

모든 은혜의 하나님 곧 그리스도 안에서 너희를 부르사 자기의 영원한 영광에 들어가게 하신 이가 잠깐 고난을 당한 너희를 친히 온전하게 하시며 굳건하게 하시며 강하게 하시며 터를 견고하게 하시리라(벧전 5:10).

그런즉 누구든지 그리스도 안에 있으면 새로운 피조물이라 이전 것은 지나갔으니 보라 새 것이 되었도다(고후5:17).

21 | 우리가 그대 곁에 있음을 잊지 말라

2차 세계 대전 초기에 영국의 작은 기선 한 척이 중요한 임무를 띠고 미국을 향해서 항해를 하게 되었다.

수많은 적선들의 공격을 피해 미국까지 항해할 수 있을까 염려하는 선장에게 임무를 지시한 상관이 이렇게 말했다.

"당신이 위험에 처할 때마다 이 비밀부호를 사용해서 무전을 치면 당신에게 곧 답신이 갈 것이오."

선장은 이 말을 믿고 그 험한 바다를 자그마한 배로 헤쳐 나갔다. 저 멀리서 갑자기 적의 함선이 나타나자 그는 재빨리 지시 받은 비밀부호로 무전을 쳐서 이런 답신을 받았다.

"다 알고 있다. 우리도 적을 보고 있다. 그러나 우리가 그대 곁에 있음을 잊지 말라."

선장은 이 답신을 받고 용기 백배 하여 무사히 자기 배를 끌고 샌프란시스코 항구에 도착할 수 있었다. 이 배가 항구에 들어 올 때, 그는 자신의 배 바로 뒤에 보이지 않던 배 한 척이 갑자기 나타난 것을 발견했다. 알고 보니 그 배는 바로 잠수함으로서 적들로부터 선장의 작은 배를 보이지 않게 지켜주고 있었던 것이다.

보이지는 않았지만 곁에서 계속해서 용기를 불어넣었던 그 답신
 - "두려워 말라. 우리가 그대 곁에 있음을 잊지 말라." -
때문에 위대한 작전의 임무를 무사히 수행할 수 있었다.

 예화와 관련된 말씀

주의 모든 계명들은 신실하니이다 그들이 이유 없이 나를 핍박하오니 나를 도우소서(시 119:86).

22 | 고난을 통해 능력을 얻는 역설

임종을 앞둔 존 낙스(John Knox)가 자기 침대 주위에 둘러선 장로들 중 한 사람에게 이런 말을 남겼다.

"지난 이틀 밤을 나는 세상으로부터 멸시를 받지만 하나님이 보시기에는 가장 고귀한, 고난 중에 있는 하나님의 교회 생각에 잠겨 있었습니다. 그리고 그 교회를 부탁했습니다. 나는 지금까지 호시탐탐 침략의 기회를 엿보고 있는 사탄과 싸워 왔습니다. 나는 영적인 죄악들과 맞서 싸워서 그들을 굴복시켰습니다. 나는 줄곧 하나님 나라에 있었고, 거기서 하나님 나라의 기쁨을 맛보았으며, 지금 그와 같은 상태에 있습니다."

그의 위대함과 권능은 청년 시절 주님께서 그에게 부여하셨던 고난의 훈련으로부터 온 것이다. 그가 뛰어난 강해설교가로 두각을 드러내기 시작한 직후, 가톨릭교도인 스코틀랜드의 섭정 여왕의 지원을 받는 프랑스 군대가 악독한 압제자였던 한 추기경을 살해한 마을에 보복 공세를 해 왔다. 다른 사람들과 함께 낙스도 죄수로 붙잡혀 프랑스 노예선에서 쇠고랑을 찬 채 노를 젓는 노예로서 악몽 같은 시간을 19

개월이나 보냈다. 이후 계속되었던 그의 망명 생활은 오히려 그가 사랑하는 스코틀랜드의 종교 개혁 운동의 이해를 더하는 기회가 되었다.

하나님께 받은 그의 능력은 비단 고난 속에서 성령님의 거룩케 하시는 역사로 말미암아 얻어진 것일 뿐만 아니라, 그런 역경 가운데서도 그가 보여 주었던 충성으로부터 얻어진 것이라고 할 수 있다.

 예화와 관련된 말씀

모든 은혜의 하나님 곧 그리스도 안에서 너희를 부르사 자기의 영원한 영광에 들어가게 하신 이가 잠간 고난을 받은 너희를 친히 온전케 하시며 굳게 하시며 강하게 하시며 터를 견고케 하시리라(벧전 5:10).

네가 죽도록 충성하라 그리하면 내가 생명의 면류관을 네게 주리라(계 2:10).

23 | 이동원 목사의 간증

그는 중학교 때부터 가정형편이 어려워 가정교사로 남의 집살이를 하였다. 하지만 머리가 명석했다고 믿었으며 성공을 자부했다. 하지만 대학입시에 실패하고 가세가 기울어 가족까지 부양해야 되는 상황에 이르렀다. 사는 것은 고통 그 자체였으며 그에게는 아무 희망도 없는 것 같았다.

그러던 날 누군가의 권유로 영어성경공부에 참여 하게 되었고, 그 가운데에서 예수그리스도의 구속과 복음에 대하여 깨닫게 되었다. 암흑과 같은 그의 삶에서 하나님의 구원은 한줄기 빛과 같았다.

그 후 그는 400명이나 되는 많은 사람들 앞에서 간증하게 되었다. 간증이 끝났을 때 여러 사람들이 그에게 찾아와 이런 말을 했다.

"형제의 간증은 이상하게 놀라운 감동이 있어. 만약 형제가 주님께 삶을 드린다면 주님은 형제를 놀랍게 쓰실 것 같은데 왜 전도자로 헌신하지 않소?"

이와 같은 말을 여러 사람으로부터 계속 듣게 되자, 그는 마음에 말할 수 없는 감동의 물결이 용솟음쳤다. 그 날 일은 그의 인생을 180도로 변하게 만들었다. 이제 그의 삶에서 어둠은 사라지고 빛이 쏟아지고 있었다. 복음이 그의 삶을 바꾸었고, 찬송은 그의 간증이 되었다. 새로운 삶을 찾은 후 그가 즐겨 부르던 찬송의 가사가 있다.

"그분이 살아 계시기 때문에 내 인생의 미래를 만날 수 있네. 그분이 살아 계시기 때문에 모든 공포는 사라졌네.

그분이 내 인생의 미래를 붙들고 있다는 사실을 알기 때문에 그분이 살아 계시기 때문에 인생은 살 만한 가치가 있는 것."

이 찬송의 간증 때문에 그는 오늘도 이렇게 복음을 전한다. 바로 지구촌교회의 이동원 목사의 간증이다.

 예화와 관련된 말씀

> 예수께서 또 말씀하여 이르시되 나는 세상의 빛이니 나를 따르는 자는 어둠에 다니지 아니하고 생명의 빛을 얻으리라(요 8:12).

24 | 이심전심(以心傳心)

　미국에서 아주 괴팍한 성격을 가진 여류 문학가가 있었다. 남편은 아주 큰 사업가였는데 이 여인은 사람들을 만나지 않고 늘 집안에서 글만 썼다. 그녀의 인생에서 유일한 위로는 글 쓰는 것과 하나밖에 없는 아들을 사랑하는 일밖에 없었다.

　그런데 그 귀한 외아들이 고등학교 다닐 때에 친구들과 함께 차를 타고 여행을 하다가 교통사고로 죽고 말았다. 그녀는 그 충격으로 더욱 고립되어갔고 깊은 슬픔으로부터 헤어나지 못했다. 집안 형편이 부유해서 별별 치료를 다 받아보고 여행도 떠나 보았지만 그녀는 회복되지 않았다. 이제 그녀는 글 쓰는 일에도 더 이상 집중할 수 없었다.

　그런데 어느 한 순간 그 여인의 병이 치료되었다. 그 이유는 자기 아들과 같이 자동차를 타고 여행을 하다가 죽은 친구의 어머니를 만났기 때문이었다. 평생을 외부세계와 단절하고 살았던 이 괴팍한 여류 문학가가 처음으로 문을 열어서 이웃을 받아들였을 때 그녀는 회복되었다.

　사람들은 너무나 궁금해서 여인에게 물었다.

"그 죽은 친구의 어머니가 무슨 말을 했기에 갑자기 당신이 다시 일어설 수 있었습니까?"

그녀는 이렇게 대답했다.

"그분은 아무 말도 하지 않았습니다. 단지 그냥 나를 끌어안고 울더라고요. 나도 같이 울었습니다. 그리고 회복되었습니다."

고통 받는 사람들에게 가장 필요한 것은 그냥 같이 있어 주고 같이 울어 주는 것이다.

 예화와 관련된 말씀

우리의 모든 환난 중에서 우리를 위로하사 우리로 하여금 하나님께 받는 위로로써 모든 환난 중에 있는 자들을 능히 위로하게 하시는 이시로다(고후 1:4).

25 | 존 번연과 천로역정

존 번연은 복음을 전하는 가운데 핍박을 받아 감옥에 갇히게 되었다. 그는 감옥 속에 갇혀 있으니까 답답해서 견딜 수가 없었다. 그래서 간절히 기도했다.

"주여, 저는 생명이 다하는 그 시간까지 복음을 전하고 싶습니다. 그러니 저를 어서 내보내 주시옵소서."

그때 그에게 들려오는 세미한 음성이 있었다.

"내 은혜가 네게 족하도다. 이는 내 능력이 약한 데서 온전하여짐이라!"

그 음성을 들은 번연은 깨달음을 얻게 되었다.

'아하! 내가 비록 감옥에 갇혔을지라도 우리 주님께서 내게 족한 은혜를 베푸시는구나'

그 사실을 깨닫게 되자 그의 마음에는 깊은 평안이 찾아왔다. 이제는 주님이 함께 하신다는 생각에 감옥조차 천국처럼 느껴지게 되었다. 그는 계속해서 주님을 묵상하며 주님의 말씀에 깊이 젖어들었다.

그는 12년 동안이나 옥중생활을 했는데, 이때 가졌던 영적 체험을 토대로 해서 기록한 책이 바로 『천로역정』이다. 그 결과, 그는 자기가 말로 전도하는 것보다 훨씬 더 많은 사람들을 책을 통해서 주님 앞으로 인도할 수 있었다.

과연, 주님의 말씀 그대로 존 번연이 약할 때에 주의 능력이 더욱 온전하게 나타나서 더욱 아름다운 결실을 맺게 된 것이다. 신앙인은 가시를 은혜로 받아서 약한 것을 강한 것으로 바꿀 줄 알고, 상처를 영광으로 바꿀 줄 아는 사람이다.

내게 있는 가시는 하나님의 축복을 더욱 크게 받는 디딤돌의 역할을 한다는 사실을 기억하자.

예화와 관련된 말씀

나에게 이르시기를 내 은혜가 네게 족하도다 이는 내 능력이 약한 데서 온전하여짐이라 하신지라 그러므로 도리어 크게 기쁨함으로 나의 여러 약한 것들에 대하여 자랑하리니 이는 그리스도의 능력이 내게 머물게 하려 함이라(고후 12:9).

02
넉넉히 이기느니라

그러나 이 모든 일에 우리를 사랑하시는 이로 말미암아 우리가 넉넉히 이기느니라(롬 8:37).

01 지선이의 행복

　지선이는 아주 예쁜 미모를 가지고 있는 아주 착한 아가씨였다. 그런데 대학 4학년이던 2000년 7월 30일 도서관에서 공부를 마치고 오빠와 함께 승용차를 타고 귀가하던 길에 교통사고를 당해서 전신 55%의 3도 화상을 입었다.

　한 음주운전자가 낸 6중 충돌의 대형사고였다. 응급실로 달려가는 앰블런스 안에서 지선이 곁을 지키던 오빠는 살 가망이 없으니 동생에게 작별인사라도 하라는 말을 들었다. 4, 5년에 한 번 있을까 말까한 중상환자로 의사들마저 치료를 포기한 상황이었다.

　7개월간의 긴 입원, 11차례의 수술, 끔찍하게 고통스러운 치료, 3년여의 시간을 지난 지금 더 이상 예전의 곱던 얼굴은 찾아볼 수가 없고 온 몸에 화상의 흔적으로 징그럽게 변해버렸지만 그 누구보다도 당당하고 즐거운 인생을 살고 있다. 남들은 몸이 힘든 만큼 마음도 고생했을 거라고 생각하지만 자신은 몸이 아픈 게 힘들었지 마음은 그리 고통스럽지 않았다고 한다.

　사고로 자신의 인생이 끝난 것도 아니고 오히려 그때부터 새로운 인생이 시작됐다고 말한다. 그녀는 앞으로 상담심리학을 공부한 후에 마음이 아픈 사람들의 마음 곁에 함께 하고 싶다는 아름다운 꿈을 꾸고 있다.

그녀는 고난이 가져다준 축복을 이렇게 말하였다.

"고난을 통하지 않고서는 배울 수 없는, 가질 수 없는 열매들이 얼마나 귀한 것인지 저는 이제 알았습니다. 지금의 제 얼굴과 짧아진 손가락들 치료실에서 보낸 수많은 낮과 밤들을 통해서 말입니다.

지금 제 안에 담겨있는 고난이 가져다 준 복의 보물들은 정말 그 무엇과도 바꾸고 싶지 않습니다. 예전에는 몰랐던 하나님의 은혜를 알게 됐고 사랑을 맛보았습니다.

정말 중요한 것은 보이지 않는 것 안에 있습니다. 저는 기대합니다. 지금은 상상치도 못할 일들이 앞으로도 펼쳐질 것입니다. 그래서 저는 지금 행복합니다."

 예화와 관련된 말씀

> 우리가 알거니와 하나님을 사랑하는 자 곧 그 뜻대로 부르심을 입은 자들에게는 모든 것이 합력하여 선을 이루느니라(롬8:28).

02 | 진주와 같은 삶

 오래된 서구 풍습에는 엄마가 시집가는 딸에게 진주를 건네는 관습이 있다. '얼어붙은 눈물'이라고 불리는 이 진주에는 두 가지의 중요한 의미가 있었다. 하나는 딸이 시집가서 흘려야 할 눈물에 대한 교훈이고, 또 하나는 눈물을 흘려야 함에도 불구하고 그 눈물은 가치 있는 것임을 교훈 해주려는 엄마의 의도라고 한다.

 이 의미는 진주가 생성되는 과정을 보면 더욱 쉽게 이해할 수 있다. 이 진주는 본래 아비큘레대라고 불려지는 굴속에서부터 만들어진다. 굴속에 모래알들이 굴러 들어오게 되면 즉각적으로 나카라는 물질이 생성되는데 이것이 모래알을 둘러싸기 시작한다.

 시간이 지나서 나카가 많이 쌓이면 쌓일수록 진주는 더욱 커져 값진 진주가 만들어지는 것이다. 작은 진주라도 수개월이 걸리고 어떤 진주들은 수년씩 걸려서 만들어지는 것도 있다.

 그런데 굴속에 들어오는 모든 모래알이 진주가 되는 것이 아니라 굴 자체의 선택 의지에 따라서 달라질 수 있다. 모래알을 그대로 놓아 둘 수도 있지만 굴이 모래알을 일단 받아들이면 나중에는 결국 그 모래알 때문에 병들고 죽어버리게 된다.

처음에는 상당히 고통스럽지만 나카를 생산해서 모래알을 둘러싸기 시작하면 이것이 고귀한 진주를 만들게 된다.

우리의 삶 가운데서도 크고 작은 모래알들이 계속 굴러 들어온다.

그때 우리들이 이 고난에 대하여 어떻게 반응하느냐에 따라서 우리의 삶을 보배로운 진주로 만들 수 있는지를 결정한다. 하나님께서는 우리 모든 그리스도인들이 자신들의 인생에서 하나의 값진 진주를 생산하기를 기대하신다.

 예화와 관련된 말씀

도가니는 은을, 풀무는 금을 연단하거니와 여호와는 마음을 연단하시느니라(잠 17:3).

03 | 축복이 된 짐

외국 어린이 동화 중에 '개미들의 사랑'이라는 동화가 있다. 한 청년 개미가 큰 길 건너편에 사는 아가씨 개미를 사랑했다.

어느 날 그 청년 개미는 애인을 만나기 위해 용기를 내어 큰길을 건너가기로 결심했다. 그 큰길은 오래되어 낡고 험한 아스팔트길이기 때문에 아버지 개미는 무척 염려가 되었다. 그래서 아버지 개미는 아들에게 건너갈 때 쓰라고 아주 기다란 지푸라기 두 개를 등에다 업혀 주었다. 이 아들 개미는 이것을 왜 가져가야 하느냐고 아버지께 항의했지만 아버지의 명령이라 어쩔 수 없었다.

이 청년 개미는 무거운 짐을 등에 지고 투덜거리며 그 길을 걸어갔다. 그런데 조금 가다 보니 아스팔트에 상당히 넓어 보이는 갈라진 틈새가 있었다.

그 틈새는 개미에게 깊은 벼랑과도 같은 난관(難關)이었다. 이 청년 개미는 낙담한 채 등에 업고 있던 지푸라기 두 개를 팽개치면서 그 자리에 주저앉아 버렸다.

그랬더니 그 지푸라기가 그 틈새 사이로 떨어져 어느새 틈새를 건너갈 수 있는 다리가 되어주었다.

 무거운 짐이라고 생각했던 지푸라기 두 개가 만든 구원의 다리를 건너가면서 청년 개미는 아버지 개미의 지혜에 감탄하며 감사드렸다.

 예화와 관련된 말씀

이는 내 멍에는 쉽고 내 짐은 가벼움이라 하시니라(마 11:30).

각각 자기의 일을 살피라 그리하면 자랑할 것이 자기에게는 있어도 남에게는 있지 아니하리니 각각 자기의 짐을 질 것이라(갈 6:4,5).

04 | 프랑크 밴더 마아틴

미국 캘리포니아 주 오렌지 카운티 가든 그로브에 가면 크리스탈교회(Crystal Cathedral)가 있다. 그 교회 담임인 로버트 슐러 목사의 처남 프랑크 밴더 마아틴은 18세 때 벌써 아이오와주 수카운티에서 제일가는 바이올리니스트였었다.

그런데 그때 아버지가 경영하는 대장간에서 무서운 사고가 발생하였다.

빨갛게 단 쇠가 그의 왼 손에 떨어져 바이올린을 짚던 손가락이 잘린 것이다. 그의 왼손에는 엄지손가락만 남게 되었다. 불구자가 된 것이다. 그러나 그는 그렇게 생각하지 않았다.

그는 엄지손가락만 남은 왼손으로 바이올린 활을 잡고 오른 손으로 바이올린의 4줄을 잡고 연습하였다.

드디어 그는 아이오와주 수카운티 교향악단의 뛰어난 바이올리니스트가 되었다.

그는 "내가 불구자라고 생각하기까지는 결코 불구자가 아니다."라고 말한다.

로버트 슐러도 "불가능한 일이 존재하는 것이 아니라, 불가능하다는 생각이 존재하는 것이다."라고 명백히 말하고 있다.

 예화와 관련된 말씀

상심한 자들을 고치시며 그들의 상처를 싸매시는도다(시 147:3).

그러나 이 모든 일에 우리를 사랑하시는 이로 말미암아 우리가 넉넉히 이기느니라(롬 8:37).

그에게 이르기를 너는 삼가며 조용하라 르신과 아람과 르말리야의 아들이 심히 노할지라도 이들은 연기 나는 두 부지깽이 그루터기에 불과하니 두려워하지 말며 낙심하지 말라(사 7:4).

05 | 핍박받는 자의 복

  주님은 핍박의 가시밭길을 통하여 우리의 인격을 단련시켜서 주님을 사랑하는 순수한 마음을 가르치신다. 그리고 우리가 주님을 사랑하는 마음으로 주 앞에 엎드릴 때 주께서 우리를 영원한 땅으로 인도하신다. 열 두 제자의 마지막 최후를 보면 이러한 사실을 알 수 있다.

  수제자였던 베드로는 로마에서 십자가에 거꾸로 매달려 죽었다.
  빌립은 소아시아에서 십자가를 지고 죽었다.
  바돌로매는 몸의 가죽을 벗기는 죽임을 당했다.
  도마는 인도에서 순교했다.
  마가는 알렉산드리아에서 기도하며 순교했다.
  마태는 에디오피아에서 창에 찔려 순교를 당했다.
  안드레는 에데사에서 십자가에 못 박혀 순교했다.
  맛디아는 예루살렘에서 돌팔매질을 맞고 쓰러진 뒤 목베임을 당했다.
  누가는 헬라에서 감람나무에 매달려 죽임을 당했다.

바울은 로마에서 칼에 목이 떨어지면서도 예수의 이름을 부르다 죽었다.

사도 요한은 백 살까지 온갖 시련을 겪다가 죽어간 살아있는 순교자였다.

초대 교회의 유명한 교부인 터툴리안은 "순교자의 피는 교회의 종자가 된다."라고 했다. 그리스도인들은 시련의 광야를 통과하지 않고는 젖과 꿀이 흐르는 땅을 얻을 수 없다. 하나님의 나라에 들어가려면 그리스도를 위하여 많은 환난을 겪어야 한다.

 예화와 관련된 말씀

의를 위하여 박해를 받은 자는 복이 있나니 천국이 그들의 것임이라(마 5:10).

06 흙덩이를 뚫고

관현악의 명 지휘자 토스카니니(A.Toscanini)는 지독한 근시였다. 그는 오케스트라의 첼로 연주자로서 근시 때문에 악보조차 제대로 볼 수 없었다. 그는 연주를 할 때마다 실수할 것 같은 불안감을 떨칠 수 없어서, 이런 그가 고민 끝에 취한 방법은 악보를 외우는 것이었다.

그러던 중 그가 속해 있던 오케스트라의 지휘자가 갑자기 무대에 서지 못하는 일이 벌어졌을 때 유일하게 악보를 외고 있던 그가 지휘자의 자리에 서게 되었다.

그 음악회를 계기로 토스카니니는 지휘자의 길을 걷게 된다. 그는 자기의 불리한 조건을 딛고 승리한 것이다. 인생의 긴 여정에서 우리는 많은 어려움에 부딪힌다.

어쩌면 토스카니니처럼 장애를 느끼는 부분도 있을 것이다.

입학시험에서 낙오자가 되거나 교통사고를 당하는 등 크고 작은 돌 부리들이 우리를 넘어뜨리려고 세상에 잠복해 있다. 그리스도인에게도 이런 고난들은 예외일 수 없다.

그러나 아름다운 꽃을 피우기 위해 씨앗이 무거운 흙덩이를 뚫고 자라나야 하듯 예비 된 축복과 삶의 승리를 위해 우리도 자신을 연단시키는 계기로 고난을 받아들여야 한다. 하나님은 우리가 감당할 만큼의 어려움을 주시고 그 대처 방안까지 예비하시기 때문이다.

 예화와 관련된 말씀

내 마음이 그것을 기억하고 내가 낙심이 되오나 이것을 내가 내 마음에 담아 두었더니 그것이 오히려 나의 소망이 되었사옴은 여호와의 인자와 긍휼이 무궁하시므로 우리가 진멸되지 아니함이니이다 (애 3:20~22).

사람이 감당할 시험 밖에는 너희가 당한 것이 없나니 오직 하나님은 미쁘사 너희가 감당하지 못할 시험 당함을 허락하지 아니하시고 시험 당할 즈음에 또한 피할 길을 내사 너희로 능히 감당하게 하시느니라(고전10:13)

07 | 희망을 심어준 기사

2차 세계 대전이 일어났을 때 영국 런던이 첫 번째 폭격을 받았다. 그 이튿날 아침에 런던에 있던 모든 언론계 기자들이 한자리에 모였는데, 그때 한 저널리스트가 이런 제안을 했다.

"영국 언론은 사회에 대하여 아주 예리한 비판적 안목을 가진 언론으로 유명합니다. 그러나 지금은 비판할 때가 아닙니다. 지금은 전시(戰時)이고 지금은 국민에게 희망을 주어야 할 때입니다. 비판은 나중에 하기로 하고 이제 잠시 동안만은 희망을 선전하고 희망의 기사를 씁시다. 신문에서 희망을 보게 하여 우리의 현실이 절망적인 상황이 아니라 우리가 승리할 수 있다는 낙관과 희망을 우리 민족에게 주도록 합시다."

그 자리에 모여 있던 신문 기자들은 그 저널리스트의 말에 모두 합의하여 모든 기사의 논조를 다르게 썼습니다. 전쟁에 대한 긍정적인 메시지를 실었고 군대에 출정하는 젊은이들의 늠름한 모습을 보도했다.

그리고 사랑하는 남편과 아들을 전쟁터로 보내고 그들을

위해 기도하러 예배당에 모인 성도들의 모습이 신문의 헤드라인을 차지했다.

또한 이 전쟁에서 승리할 것이라는 지도자들의 희망에 찬 메시지가 실리기 시작했다. 그러자 갑자기 영국 국토 전체는 한순간에 변하기 시작했다. 그들은 희망을 갖기 시작했고 승리를 믿기 시작했다.

 예화와 관련된 말씀

> 나의 영혼아 잠잠히 하나님만 바라라 무릇 나의 소망이 그로부터 나오는도다(시 62:5).

08 | 희망을 잃지 마세요

1940년, 뉴욕 빈민가 브롱스에서 한 아이가 태어났다. 그 아이는 부모의 이혼으로 어려서부터 혼자가 되었으며, 식당 종업원에서 매춘부를 소개하는 일까지 힘한 일을 하면서 청소년기를 보냈다. 그의 유일한 즐거움은 영화였다. 영화를 보고, 영화 속 배우를 따라하며 외로움을 달랬다.

그는 고등학교를 중퇴한 뒤 거의 7년 동안을 주머니에 돈 한 푼 없는 백수로 지냈다.

때로는 길거리에서 노숙을 하며 힘든 시간을 보냈다. 그런 중에도 영화에 관한 관심을 잃지 않았던 그는 27세가 되던 해 연기학교에 다니게 되었고, 5년 뒤 자신이 주연한 영화를 발표하게 되었다.

이후 그의 연기력은 빛을 발하였고, 무려 일곱 번이나 아카데미상 후보에 올랐다.

53세가 되던 해인 1993년, 그는 '여인의 향기'로 마침내 남우주연상을 수상하였다.

그는 수상 소감으로 브롱스가의 한 소녀 팬에게 자신의 출신을 밝히면서 희망을 잃지 말라고 말했다.

그는 영화 '대부'로 잘 알려진 연기파 배우 알 파치노이다.

그의 성공은 어떠한 어려움 속에서도 희망을 잃지 않고 기다린 결과였다.

 예화와 관련된 말씀

우리 하나님이여 그들을 징벌하지 아니하시나이까 우리를 치러 오는 이 큰 무리를 우리가 대적할 능력이 없고 어떻게 할 줄도 알지 못하옵고 오직 주만 바라보나이다 하고(대하 20:12).

09 | 살아 있는 것 자체만으로도 감사

 입으로 그림을 그리는 김준호라는 사람이 있었다. 그가 입으로 그림을 그리는 것은 무슨 자랑으로 하는 것이 아니라 그렇게 할 수밖에 없는 처지였기 때문이다. 군대에서 훈련 중 전차에서 떨어져서 목을 심하게 다쳤다. 이 때문에 그는 머리와 목만 제하고 전신이 마비가 된 참으로 불쌍한 사람이었다.

 그는 이 같은 참담한 처지에서 뜻하지 않게 성경을 읽게 되었다. 손을 쓰지 못하기 때문에 입에다 젓가락을 물고 성경책을 넘기면서 성경을 읽게 되었다. 날마다 이런 일을 계속 하던 중에 성경에서 놀랍고도 소망에 찬 말씀을 듣게 되었다. 그는 '하나님을 믿는 사람에게는 어떠한 처지에서도 감사할 만한 삶이 허락되었다' 는 사실을 발견하게 되었다. 그의 처지에서는 절망할 수밖에 없었으나 하나님의 말씀 속에서 감사할 수 있고 소망을 지닐 수 있게 되었으니 참으로 다행스런 일이었다.

 그는 젓가락으로 책장을 넘기면서 성경을 읽다가 하나님의 은혜를 받고는 이때부터 입으로 그림을 그리기 시작하여 글씨까지 쓰게 되었다. 너무 오랫동안 붓을 입에 물고 애쓴 탓으로 이가 흔들리고 잇몸에서 피가 흘렀다. 그는 입술이 부르 터질 정도로 자신과의 싸움을 계속하면서 그림을 그리고 글씨를 썼다.

그는 모든 것을 다 잃어 버렸지만 말씀을 깨닫고 보니 살아 있다는 것 자체만으로도 얼마든지 감사할 수 있다는 사실을 깨닫게 된 것이다. 이와 같은 정신으로 동양화 40점, 서예 15점을 가지고 전시회를 열었다. 그는 이미 81년도와 84년도에 전시회를 두 번이나 열었다.

그는 신체적으로 볼 때 무능한 자요, 가난한 자였다. 그러나 그는 하나님을 통하여 삶의 능력과 삶의 지혜를 얻은 사람이었다.

예화와 관련된 말씀

범사에 감사하라 이는 그리스도 예수 안에서 너희를 향하신 하나님의 뜻이니라(살전 5:18).

말할 수 없는 그의 은사로 말미암아 하나님께 감사하노라(고후 9:15).

10 | 암흑 가운데서도 노래할 수 있는 이유

1930년대 미국에 큰 공황이 찾아왔을 당시, 법률가 출신이자 무정부주의자(無政府主義者)인 클래런스 대로라는 유명한 무신론자가 있었다. 그는 미국이 경제 공황에 들어가자 자기의 무신론을 선전할 수 있는 절호의 기회가 왔다고 생각했다.

그래서 그는 강연을 할 때마다 "여러분, 이 사태를 보십시오. 하나님이 살아 계신다면 이 어려운 상황을 우리에게 주시겠습니까? 우리가 모든 것을 잃어버리고 있는 것만 보아도 분명히 하나님은 없습니다."라고 말했다. 그리고 정부를 비판하면서 무정부주의적인 자기의 신념을 선전했다.

하루는 흑인들이 모여 있는 자리에서 그가 무신론 강연을 하고 있었다.

"여러분, 우리는 다 잃어버렸습니다. 꿈과 재산을 잃었고 노래까지 잃었습니다. 이런 상황 속에서 어떻게 노래를 부를 수 있단 말입니까?"라고 소리치니까 갑자기 맨 뒷자리에 앉아있던 한 할머니가 손을 번쩍 들면서 "저는 노래할 수 있습니다"라고 말하는 것이었다. 그 말에 그는 "아니 어떻게 우리가 이 지경이 됐는데 노래할 수 있단 말입니까?"했더니, 그 할머니는 큰소리로 "예수님 때문에 노래할 수 있습니다."라고 외쳤다.

그런데 할머니 한 사람이 자신만만하게 외치자 여러 곳에서 사람들이 "맞습니다. 할렐루야! 예수님 때문입니다."라고 동조의 목소리를 높이기 시작했다.

금새 한 무신론자가 하나님이 없다고 외치던 강연장의 분위기는 하나님의 살아 계심을 인정하는 군중들로 인해 바뀌었고, 그는 이런 군중들의 모습에 큰 충격을 받았다.

이 어렵고 힘든 역경 가운데서도 우리들 마음에 노래를 빼앗기지 않고 기쁨과 평안을 가질 수 있는 것은 바로 예수님 때문이다. 내게 능력주시는 자, 우리를 위해 죽으시고 부활하신 예수님 안에서 우리는 모든 것을 할 수 있다.

 예화와 관련된 말씀

새 노래 곧 우리 하나님께 올릴 찬송을 내 입에 두셨으니 많은 사람이 보고 두려워하여 여호와를 의지하리로다(시 40:3).

11 | 데스밸리의 희망

미국에 데스밸리(Death Valley, 죽음의 계곡)라는 곳이 있다.

황량한 분위기의 영화 촬영지로도 유명한 곳이다.

그곳은 마치 달나라와 같은 느낌이 든다.

광대한 사막 가운데 살아 있는 생명체가 별로 없기 때문이다.

사람들은 죽음 앞에 섰을 때 공포심을 느낀다.

황무한 데스밸리에 가면 비슷한 감정을 느낄 수 있다.

그 이유로 그곳은 관광지가 되었다.

데스밸리는 이름 그대로 죽음을 맛보는 곳이다.

그런데 어찌 된 일인지 몇 년 전 데스밸리에 많은 비가 내렸다.

그랬더니 그곳에 꽃이 피기 시작했다.

멀리서 날아왔던 꽃씨들이 긴 시간 동안 그 땅에 묻혀 있다가 물을 만나니까 발아했던 것이다.

그 소식을 접했을 때 나는 무릎을 탁 쳤다.

'아! 이게 변화구나! 생명의 발아는 바로 이런 것이구나!

완전히 죽은 것 같던 땅도 물을 만나니까 꽃을 피우는구나!'
 당신의 마음이 데스밸리처럼 황량하더라도 '비'라는 '변화'를 만나면 생명을 꽃 피울 수 있다.

 예화와 관련된 말씀

> 기도를 계속하고 기도에 감사함으로 깨어 있으라(골 4:2).
>
> 그리스도의 평강이 너희 마음을 주장하게 하라 너희는 평강을 위하여 한 몸으로 부르심을 받았나니 너희는 또한 감사하는 자가 되라(골 3:15).

12 희망을 제련하는 하나님의 용광로

어느 날 오후 폐암 말기 환자와 그 가족이 찾아왔다. 환자인 그 부인은 내게 기도를 부탁했다. 불교 집안으로 시집가서 평생 남편의 구원을 위해 눈물로 기도했던 그 여인이 폐암에 걸렸다는 것이다. 설상가상으로 수술도 실패해서 암세포가 다른 곳까지 전이된 상태였고, 더 이상의 치료 방법도 없었다. 함께 온 남편은 눈물을 흘리며 아내가 그토록 "교회 좀 나가자, 예수님을 좀 믿어 보자."고 했는데도 그렇게 하지 못했다며 안타까워했다.

저는 병세에 대한 이야기를 다 듣고 이렇게 말했다.

"포기하십시오. 죽음을 준비하십시오. 그리고 이제 죽음과 더불어 자유함을 느끼십시오."

모두가 당황하는 눈치였다. 그러나 부인만은 "맞습니다. 받아들이겠습니다."라며 담담하게 말했다. 자신이 구원받았고 천국에 갈 것을 생각하니 용기가 생긴다고 덧붙였다.

"포기는 기적의 시작입니다. 당신이 정말 포기하면 다시 살려 주실지도 모릅니다. 하지만 꼭 살려 주실 거라고 생각하지는 마십시오."

그녀의 눈동자 속에서 희망이 솟아오르는 것을 볼 수 있었다.

"구하라 그러면 너희에게 주실 것이요 찾으라 그러면 찾을 것이요 문을 두드리라 그러면 너희에게 열릴 것이니"(마 7:7).

희망과 기대에 부풀어서 걸어갔던 인생 길, 그러나 그 길 끝에 있는 문이 닫혀 있을 때 옆을 바라보라. 한 쪽 문이 닫히면 또 다른 문이 열려 있는 법이다. '나'에 대해서 절망하게 되면 오히려 하나님에 대한 희망이 생기기 시작한다. 하나님은 우리를 위한 놀라운 계획을 가지고 계시다.

– 행복의 시작 예수 그리스도 / 하용조

 예화와 관련된 말씀

또 여호와를 기뻐하라 그가 네 마음의 소원을 네게 이루어 주시리로다(시 37:4).

내 영혼아 네가 어찌하여 낙심하며 어찌하여 내 속에서 불안해하는가 너는 하나님께 소망을 두라 나는 그가 나타나 도우심으로 말미암아 내 하나님을 여전히 찬송하리로다(시 42:11).

13 역경에서 승리

한 가난한 소년이 있었다. 그의 꿈은 목사와 박사가 되는 것이다. 그러나 가정형편이 어려워 중학교를 중퇴하고 중국 식당 배달원으로 일하게 되었다. 사람들은 이 소년이 자신의 꿈을 말할 때마다 비웃었다.

어느 날 우연히 배구실력을 인정받게 되었고 **중학교에** 편입하게 되었다. 그리고 학업에 정진해 한양대에 진학하였다. 대학을 졸업하고 미국 유학시험에 번번이 낙방했지만 일곱 번째 합격해 유학길에 오르게 되었다.

그에겐 작은 성경책과 7달러가 전부였다. 하지만 뜨거운 신앙과 열정으로 최선을 다했고, 후에 미국 국가대표 여자배구 팀의 감독을 맡기도 했다.

낯선 환경을 극복하고 그는 미국에서 목사가 되고, 한국 최초의 체육학 박사가 되었다. 한양대 교수인 이강평 씨가 바로 주인공이다.

역경은 꿈과 소망이 있는 사람에게는 투지를 자극하는 윤활유가 된다. 아놀드 토인비는 역경설을 주장했다.

세계 역사상 우수한 문명과 문화는 어김없이 고난과 역경의 소산이라고 결론지었다. 운명은 나약한 사람에겐 잔인하지만 신앙으로 사는 사람에겐 위대한 꿈을 주는 영양제이다.

 예화와 관련된 말씀

그러나 이 모든 일에 우리를 사랑하시는 이로 말미암아 우리가 넉넉히 이기느니라(롬 8:37).

우리 주 예수 그리스도로 말미암아 우리에게 승리를 주시는 하나님께 감사하노니(고전 15:57).

14 | 새롭게 시작하자

새가 날고자 깃을 펼 때, 깃털이 마치 항구에서 돛단배가 출발하려고 돛을 펴는 것과 같이 일어설 때, 그때가 가장 아름답다고 했다. 무엇이든 출발하려고 긴장할 때가 가장 아름다운 법이다.

비행기는 이륙하려고 할 때, 육상선수는 출발하려고 일어서서 가슴을 조이고 출발신호가 나기를 기다릴 때, 그때가 가장 아름답다.

미국의 카놀 산도스씨는 60세에 파산을 당했다. 그는 수백만 달러의 빚을 지고 병원에 입원했다. 산도스씨는 자살할 생각으로 밤늦게 병원 문을 나섰다. 그때 어디선가 찬송가가 애절하게 들려왔다.

"너 근심 걱정 말아라. 주 너를 지키리. 주 날개 밑에 거하라 주 너를 지키리."

찬송은 조그마한 교회에서 흘러나오고 있었다. 산도스는 갑자기 마음이 뜨거워졌다. 그리고 교회의 바닥에 엎드려 통곡하며 회개의 기도를 드렸다. 그러자 무거운 짐이 벗겨지고 마음이 평안해졌다.

그리고 "새 출발"에 대한 의욕이 솟구쳤다. 그는 쓰레기 수거 일부터 다시 시작했다. 여기서 번 돈으로 통닭집을 운영하게 되었는데 선풍적인 인기를 얻게 되었다. 이것이 바로 '산도스 치킨'이다. 그는 결국 억만장자가 되었다.

마음을 비우면 지혜가 떠오른다. 사람의 앞길을 가로막는 것은 시련이 아니라 교만과 아집이다.

 예화와 관련된 말씀

> 그는 시냇가에 심은 나무가 철을 따라 열매를 맺으며 그 잎사귀가 마르지 아니함 같으니 그가 하는 모든 일이 다 형통하리로다(시 1:3).

15 고난에서 승리하자

한 음악가가 있었다. 그는 질병으로 반신불수의 상태였고 질병을 치료하기 위해 많은 돈을 빌렸고 갚지 못하게 되었다.

결국 돈을 갚지 못해 감옥에 갇히게 되고 말았다. 그에게는 정말 절망적인 상태였다. 하지만 그는 좌절하지 않고 감옥에서 악보를 펴놓고 창작에 몰입하였다.

이 사람이 바로 세계적인 음악가 헨델(Georg Friedrich Handel)이었고, 그 어려움 중에 감옥에서 만든 최고의 걸작이 바로 '할렐루야'라는 곡이었다.

이 곡은 종교 음악이라는 한계를 벗어나 인류 공유의 위대한 음악적 유산으로 승화되고 있다. 좌절과 절망의 구렁텅이에서 허덕이던 얼마나 많은 사람들이 그곳에서 광명과 영광 그리고 열광을 되찾았던 것일까? 그것은 헨델 자신이 경제적으로나 정신적으로 가장 혼독한 위기에 처해 있을 때 이 곡이 작곡된 탓이기도 할 것이다.

역경에는 목적이 있다. 하나님께서는 역경을 통해 우리들의 마음을 증진시키시를 원하신다.

우리가 세상을 살다보면 고난이나 시험은 찾아오기 마련이다. 얼마나 그 고난을 승리로 이끌어내느냐가 관건이다. 자포자기해서 그 어려움을 뚫지 못한다면 절망적인 인생이 되고 말 것이다.

고난에서 승리하는 길은 오직 자신이 헤쳐 나가려는 노력과 기도뿐이다.

 예화와 관련된 말씀

어찌하여 고난당하는 자에게 빛을 주셨으며 마음이 아픈 자에게 생명을 주셨는고(욥 3:20).

이기기를 다투는 자마다 모든 일에 절제하나니 그들은 썩을 승리자의 관을 얻고자 하되 우리는 썩지 아니할 것을 얻고자 하노라(고전 9:25).

16 | 고난 중의 빛

한 소년이 있었다. 그는 가난한 가정에서 3남 1녀 중 막내로 태어났다. 그의 아버지는 유랑 서커스단에서 코미디를 하는 사람이었다.

소년이 10대일 때 아버지가 사업에 손을 댔다가 실패하고 온 식구가 빈민가에서 방 두 개짜리 집에서 살게 되었다.

소년의 집은 너무 가난해서 먹을 것이 없었다. 중학교에 들어갈 때도 교복을 살 수 없어서 중고 옷가게에 가서 낡은 옷을 구해서 입었다. 창피하고 자존심이 상했던 그 소년은 가난과 싸웠다.

하루는 사립 그래머스 스쿨 입학시험에 합격한 이 소년은 이날 가난한학생에게 지급하는 학교 보조금으로 중고품 옷가게에 들러 꿈에 그리던 교복 상의 한 벌을 사들고 기쁨에 넘쳐 귀가하던 길이었다. 누가 입던 옷인지 모를 낡은 헌옷이었지만 이 가난뱅이 소년에게는 더없이 소중한 물건이 아닐 수 없었다. 소년은 다칠세라 그 교복을 곱게 접어 두 손에 받쳐든 채 한 번에 두 계단씩 성큼성큼 뛰어 5층 맨 꼭대기 방으로 올라갔다.

그러나 방문 밖 층계 바닥의 부엌에서 찌그러진 그릇을 달그락거리며 끼니 준비를 하고 있는 어머니와 침침한 구석방 간이침대에 노환으로 몸져 누워있는 아버지의 모습은 소년을 다시 슬프게 만들었다.

그러나 두 가지는 꼭 지켰다. 주일이면 교회에 와서 열심히 봉사하고, 최선을 다해 공부하고 일했다.

마침내 그는 영국의 외무부 장관이 되었고 대처총리를 이어 총리가 되었다. 그의 이름이 바로 존 메이저(John Major, 1943~)이다. 그는 총리가 된 다음에 이런 고백을 했다.

"하나님께서 나를 세워 주셨습니다. 나는 하나님을 바라보고 열심히 일했습니다."

 예화와 관련된 말씀

> 의인은 고난이 많으나 여호와께서 그의 모든 고난에서 건지시는도다(시 34:19).
>
> 이에 그들이 그들의 고통 때문에 여호와께 부르짖으매 그가 그들의 고통에서 그들을 인도하여 내시고 광풍을 고요하게 하사 물결도 잔잔하게 하시는도다(시 107:28,29).

17 고난이 유익이다

미국의 루즈벨트(Franklin Delano Roosevelt) 대통령은 심한 근시였다. 그는 항상 두 개의 안경을 주머니에 넣고 다녔다고 한다. 글을 볼 때는 돋보기안경을 쓰고 멀리 볼 때는 근시 안경을 사용하며, 쓰지 않는 안경은 안경집에 넣어 다녔다.

지금은 안경집이 플라스틱이지만 그때는 양철로 되어 있었다. 무거운 양철케이스에 안경을 넣어서 재킷 안주머니에 넣고 다녔는데 불편하기 짝이 없었다.

하루는 루즈벨트가 밀워키에서 연설을 하고 나오는데 쉰레크라는 암살자가 루즈벨트를 향해 총을 쏘았다.

총알은 루즈벨트의 가슴을 정확하게 명중시켰다. 그는 가슴에 총을 맞고 뒤로 넘어졌다. 그런데 루즈벨트는 약간의 부상만 입었다.

사람들이 그가 가슴에 총을 맞은 줄 알고 가까이 다가가 보니 총알은 그 양철 안경집에 맞은 후 튕겨간 것을 알게 되었다.

그때부터 '루즈벨트 안경'이라는 교훈이 생겼다. 평소 귀찮게 여겼던 안경집이 그의 생명을 구한 것이다.

'왜 나는 이렇게 눈이 나쁠까, 왜 나는 이렇게 무거운 안경을 가지고 다녀야 될까?' 라고 했지만, 우리 하나님께서는 합력하여 선을 이루게 하신 것이다. 가지고 다니기 무겁고 귀찮은 양철안경집처럼, 고난 역시 힘들고 어렵지만 우리에게 유익이 되는 것이다.

예화와 관련된 말씀

내가 내 무지개를 구름 속에 두었나니 이것이 나와 세상 사이의 언약의 증거니라(창 9:13).

18 | 인생에서 축복의 때

믿는 자가 당하는 고난은 인생의 '정지신호'가 아니라 '방향전환' 신호이다.

한 여자가 신문기자 생활을 하다가 불의의 사고로 다리를 다쳤다. 실직한 그녀는 글을 쓰기 시작하여 하나의 소설을 완성했다. 그녀는 출판사마다 찾아가 출판을 부탁했지만 다 외면당했다.

낙심해서 원고를 버리려 하다가 어느 날 네이슨이라는 출판사 사장이 여행을 하는 것을 알고 뛰어가서 기차역에서 기차를 탄 네이슨에게 "제가 만든 원고인데 책으로 한 번 만들어 주세요."라며 원고 뭉치를 밀어 넣었다.

네이슨은 기차를 타고 가다가 심심하니까 무심히 원고를 읽기 시작했다. 그러나 이게 왠일인가? 놀랍게도 그는 원고에서 눈을 뗄 수가 없었다. 그 원고로 만들어진 책이 바로 '바람과 함께 사라지다'(Gone with the Wind, 1926~1936)라는 명작이다.

마가렛 미첼이 쓴 이 책은 하루에 5만부 이상 팔렸고, 영화화되어 세계적인 화제작이 되었다.

이렇게 멋진 원고가 수많은 출판사에서 거부당했다. 이 여자는 고난에 사무쳐서 절망적이 되었지만 참고 기다리고 낙심하지 않자 그것을 알아주고 출판해 준 사람이 있어 일약 유명한 작가가 되고 만 것이다. 고난을 당할 때 오직 하나님을 바라보며 도우심의 때를 기다려야 하는 것이다. 우리의 인생에서 축복의 때는 반드시 온다. 낙심하지 말고 하나님께 시선을 고정하길 바란다.

 예화와 관련된 말씀

> 하나님이여 내게 은혜를 베푸소서 내게 은혜를 베푸소서 내 영혼이 주께로 피하되 주의 날개 그늘 아래에서 이 재앙들이 지나기까지 피하리이다(시 57:1).
>
> 그러나 내가 가는 길을 그가 아시나니 그가 나를 단련하신 후에는 내가 순금 같이 되어 나오리라(욥 23:10).

19 | 세 개의 강을 건너라

크리스천이 되려면 필연적으로 세 개의 강을 건너야 한다.

맨 처음 만나는 것은 '해방의 강'이다. 신앙생활을 시작하면서 제일 먼저 누리는 것이 불안으로부터의 해방이다.

두 번째는 '기쁨의 강'이다. 원인을 알 수 없는 행복감에 젖어들며 가끔 실없이 웃다가 주위로부터 핀잔을 듣기도 한다. 한때는 최고의 가치로 여겼던 것들이 하찮아 보일 때도 있다.

세 번째로 만나는 것이 '고난의 강'이다.

사람들은 보통 이 강을 건너지 못하고 중도에서 포기한다. 비행기를 타보면 지상에서 비가 내리고 안개가 자욱해도 구름층 위로 올라가면 태양이 강렬하게 빛난다.

신앙이란 비행기를 타고 구름층 위로 올라가는 것이다. 구름층을 뚫고 올라가기 위해서는 기체가 심하게 흔들리는 시련을 거쳐야 한다.

우리는 때로 좌절과 고난의 원인을 외부로부터 찾으려고 한다. 하지만 한 번 더 깊게 생각해 보면 우리 내면의 깊은 곳에 그 문제가 있음을 발견한다. 이러한 문제로부터 탈피

하기 위한 첫째 관문이 바로 근심과 염려에서의 해방이다. 근심과 염려가 마음속에 있는 한 더 높은 단계로서의 신앙의 발전이 어렵다.

 예화와 관련된 말씀

> 너희는 마음에 근심하지 말라 하나님을 믿으니 또 나를 믿으라(요 14:1).
>
> 평안을 너희에게 끼치노니 곧 나의 평안을 너희에게 주노라 내가 너희에게 주는 것은 세상이 주는 것과 같지 아니하니라 너희는 마음에 근심하지도 말고 두려워하지도 말라(요 14:27).

20 역경을 극복한 레나마리아

레나 마리아. 그녀는 1968년 스웨덴의 중남부 하보 마을에서 두 팔이 없고 한쪽 다리가 짧은 중증 장애인으로 태어났다.

병원에서 보호소에 맡길 것을 권유했지만 독실한 크리스천인 그녀의 부모는 하나님이 주신 아이로 확신하고 그녀를 정상 아이와 똑같이 신앙으로 양육한다.

수영과 십자수, 요리와 피아노, 운전, 성가대 지휘에 이르기까지 레나는 그녀의 하나밖에 없는 오른 발로 못하는 게 없다.

1988년 스웨덴 국영 TV에서 레나의 다큐멘터리가 방영된 이후 세상에 알려지게 되었다. 그녀는 이후 미국으로 건너가 가스펠을 공부하게 되었다.

1991년 일본 아사히 TV에서 '뉴스스테이션'에 방영된 것을 계기로 1992년 일본에서 매년 그녀의 콘서트가 열리고 있다.

그녀의 수기인 "발로 쓴 내 인생의 악보"는 프랑스, 독일, 네덜란드, 일본 등 9개국 언어로 출판되어 초대형 베스트셀러가 되었고 가스펠 싱어로 전 세계를 누비고 있다. 세계 언론들은 그녀의 목소리를 '천상의 노래'로 격찬한다. 레나는 '모든 것이 하나님 때문에 가능했다.'며 그 무엇보다도 '하나님과 자신과의 관계가 가장 중요하다.'고 말한다.

그녀는 지금까지 한 번도 자신의 장애를 '장애'로 여긴 적이 없다. 오히려 그 장애가 믿음과 더불어 오늘날 자신을 있게 했다고 고백한다.

 예화와 관련된 말씀

나의 의인은 믿음으로 말미암아 살리라 또한 뒤로 물러가면 내 마음이 그를 기뻐하지 아니하리라 하셨느니라(히 10:38).

21 | 신앙의 선택은 영원을 좌우한다

두 불구자 청년이 있었다. 한 청년은 축구, 레슬링, 권투 등 만능선수로 알려진 라이트(Kenneth Wright)라는 청년인데, 그는 1979년 권투 시합에서 하반신을 못 쓰는 불구가 되었다.

의사는 몇 해 훈련을 받고 보조기를 쓰면 혼자 걸을 수 있다고까지 했지만 82년 권총으로 자살하고 말았다.

다른 한 청년은 유명한 맥고원(Jim Megowan)이다. 그는 불량배들에게 칼에 맞아 역시 하반신이 마비되는 불구자가 되었다.

그러나 장애를 굴하지 않고 투지와 노력을 갖고 살았다. 포코노 호수에서 낙하산 점프의 묘기를 보였고, 취사와 세탁 청소를 혼자하며 특별장비의 자동차를 운전하고 다녔다. 그는 또한 스포츠에 관한 세권의 사진첩도 출판했다.

똑같이 힘든 상황이었지만 한 명은 죽음을 선택했고, 한 명은 생명을 선택했다.

우리의 생명은 오직 한 번의 선택만 있다. 그들의 순간의 선택이 육신의 삶을 연장 받느냐 못 받느냐 하는 선택이었던 것이다. 하지만 우리는 영원을 선택해야만 한다. 신앙은 바로 영원을 좌우하기 때문이다.

 예화와 관련된 말씀

상심한 자들을 고치시며 그들의 상처를 싸매시는도다(시 147:3).

하나님의 뜻대로 하는 근심은 후회할 것이 없는 구원에 이르게 하는 회개를 이루는 것이요 세상 근심은 사망을 이루는 것이니라(고후 7:10).

22 | 암스트롱의 자전거

외국의 어느 자전거 경매장에서 있었던 일이다. 많은 어른들 사이에 5달러를 쥔 소년이 앉아 있었다. 드디어 경매가 시작되었고, 소년은 볼 것도 없다는 듯 제일 먼저 손을 번쩍 들고 "5달러요!" 하고 외쳤다.

그러나 곧 옆에서 누군가 "20달러!" 하고 외쳤고, 그 20달러를 부른 사람에게 첫 번째 자전거는 낙찰되었다. 두 번째, 세 번째, 네 번째도 마찬가지였다. 5달러는 어림도 없이 15달러나 20달러, 어떤 것은 그 이상의 가격에 팔려나가는 것이었다. 보다 못한 경매사는 안타까운 마음에 슬쩍 말했다.

"꼬마야, 자전거를 사고 싶거든 30달러쯤 부르거라."

"하지만 아저씨, 제가 가진 돈이라곤 전부 이것뿐이에요."

"그 돈으론 절대로 자전거를 살 수 없단다. 가서 부모님께 돈을 더 달라고 하려무나."

"안돼요. 우리 아빤 실직 당했고, 엄만 아파요. 하나밖에 없는 동생한테 꼭 자전거를 사가겠다고 약속했어요."

드디어 그 날의 마지막 자전거의 경매만이 남아있었다.

"자, 최종 경매에 들어갑니다."

경매가 시작되었다. 소년은 풀죽은 얼굴로 앉아 있었지만 역시 손을 들고 5달러를 외쳤다. 아주 힘없고 작은 목소리였다. 순간 경매가 모두 끝난 듯 경매장 안이 조용해졌다. 아무도 다른 값을 부르지 않는 것이었다.

"5달러요. 더 없습니까? 다섯을 셀 동안 아무도 없으면 이 자전거는 어린 신사의 것이 됩니다."

사람들은 모두 팔짱을 낀 채 경매사와 소년을 주목하고 있었다. "5… 4… 3… 2… 1." "와~아!!"

마침내 소년에게 자전거가 5달러에 낙찰되었다.

바로 이 소년의 동생이 사이클을 타고 알프스산맥과 피레네산맥을 넘으면서 프랑스 도로를 일주하는 「투르 드 프랑스」대회에서 최초로 6연패를 달성한 사이클 선수 "랜스 암스트롱"이다.

 ## 예화와 관련된 말씀

네 길을 여호와께 맡기라 그를 의지하면 그가 이루시고(시 37:5).

23 | 감당할 시험

　어느 아버지가 어린 아들을 데리고 쇼핑센터에서 쇼핑을 하고 있었다. 아들이 시장바구니를 들고 아빠 뒤를 졸졸 따라다니면 아빠는 사고 싶은 물건들을 골라 아들의 장바구니에 넣었다.

　한두 개는 거뜬했는데 여러 개를 집어넣으니까 점점 장바구니가 쳐지기 시작했다. 아들은 무거워하면서도 낑낑거리며 장바구니를 들고 아빠를 따라다녔다.

　그 광경을 보고 있던 한 여인이 속으로 '속 좁은 남자지, 자기 아들에게 저렇게 무거운 짐을 들게 하다니'라고 생각하면서 아이에게 물었다.

　"애야, 너 그거 무겁지 않니?"

　그러자 꼬마가 뜻밖의 대답을 했다.

　"아니에요. 우리 아빠는 제가 얼마만큼 들 수 있는지, 제가 얼마큼 감당할 수 있는지 알아요."

　하나님께서는 우리가 어디까지 견딜 수 있는지 아신다. 우리가 감당할 수 없는 환난 가운데 빠져서 좌절하고 있다면 하나님께서는 반드시 찾아오셔서 도와주신다.

우리는 인생의 절망과 한계 상황 속에서도 오직 하나님만을 의뢰하고 믿음의 사람으로 일어나도록 도우시는 하나님을 찬양해야 한다.

 예화와 관련된 말씀

> 사람이 감당할 시험 밖에는 너희가 당한 것이 없나니 오직 하나님은 미쁘사 너희가 감당하지 못할 시험 당함을 허락하지 아니하시고 시험 당할 즈음에 또한 피할 길을 내사 너희로 능히 감당하게 하시느니라(고전 10:13).
>
> 여호와여 나를 살피시고 시험하사 내 뜻과 내 양심을 단련하소서(시 26:2).

24 | 염려가 부르는 죽음

　중세 유럽에서 콜레라가 한참 유행할 때, 한 농부가 마차를 몰고 성을 향해 가는데 갑자기 어느 부인이 마차를 불러 세웠다. 그 부인은 농부에게 성까지 태워 줄 수 없냐고 부탁했다. 농부는 부인의 부탁에 승낙하여 함께 성까지 가게 되었다. 그런데 한참 가다보니 분위기가 좀 야릇하게 이상한 것을 느꼈다.

　마차를 세울 때는 몰랐는데, 태우고 나서 부인을 보니 부인이 계속해서 소름끼치는 묘한 웃음을 자신에게 흘리고 있는 것이었다. 그래서 농부가 부인에게 물었다.

"당신은 누구십니까?"

"저는 콜레라 여사입니다."

"왜 제 마차에 타셨습니까?"

"저 성에 있는 사람들을 죽이러 가기 위해서지요."

"그렇다면 부인을 태워 줄 수 없으니 지금 당장 내리시오."

"지금 날 태워 주지 않으면 당신부터 죽이겠소."

"그러면 나와 한 가지 약속을 합시다. 내가 당신을 성까지 태워 줄 테니 다섯 명만 죽이시오."

그래서 꼭 다섯 명만을 죽이기로 약속한 후 농부는 콜레라 부인을 태우고 성 앞에 도착했다. 그런데 놀랍게도 성에 도착해보니 천명도 넘는 시체들이 성 앞에 즐비해 있는 것이었다.

농부는 화가 나서 "부인, 약속이 틀리지 않습니까? 다섯 명만 죽이기로 했는데 이것이 웬 시체들이오?"

"나는 아직 한 사람도 죽이지 않았습니다."

"그러면 저 사람들은 뭡니까?"

"저 사람들은 내가 온다는 소식을 듣고는 지레 겁먹고 죽은 사람들입니다."

 예화와 관련된 말씀

아무 것도 염려하지 말고 다만 모든 일에 기도와 간구로, 너희 구할 것을 감사함으로 하나님께 아뢰라(빌 4:6).

25 | 고통을 동반하는 기쁨

생물의 영역 속에서 지능이 높은 동물일수록 고통에 대한 감각이 뛰어나다고 한다. 그런 의미에서인지 어느 철학자는 인간의 위대성은 인간의 고통에 있다고 말했다.

고대 그리스의 설화이다.

한 여인이 현실 세계의 삶을 마치고 사후 세계로 가기 위해서 그 경계를 짓고 있는 스탁스 강 앞에 섰다. 그때 웨이론이라는 요정이 나타나 여인에게 말한다.

"스탁스 강을 건너기 전에 미틀스 계곡의 물을 한 번 드셔 보셔요. 이 세상의 모든 고통을 잊을 수 있어요."

"이 세상의 모든 고통을 잊는 물이라면 마시겠어요."

"그러면 이 세상의 모든 기쁨도 잊어버리게 됩니다."

"전 이 세상의 모든 실패의 기억들을 지우고 싶어요."

"그러면 당신의 모든 성공의 기억들도 함께 망각하게 됩니다."

"저는 빨리 세상의 모든 상처를 잊고만 싶습니다."

"그러면 당신은 모든 사랑도 망각하고 말 것입니다."

여인은 요정의 마지막 말에 조용히 생각을 한다.

그리고는 "그렇다면 저는 그 샘물을 마시지 않겠어요."라고 대답했다고 한다.

우리는 이 설화를 통해 인생의 법칙을 배운다. 인생 속에 고통과 실패, 상처만 있는 것이 아니라 그것과 동시에 기쁨과 성공, 사랑이 있다는 사실을 말이다.

 예화와 관련된 말씀

> 누추함과 어리석은 말이나 희롱의 말이 마땅치 아니하니 오히려 감사하는 말을 하라(엡 5:4).
>
> 예수께서 무리를 보시고 산에 올라가 앉으시니 제자들이 나아온지라 입을 열어 가르쳐 가라사대 심령이 가난한 자는 복이 있나니 천국이 저희 것임이요 애통하는 자는 복이 있나니 저희가 위로를 받을 것임이요(마 5:1~4).

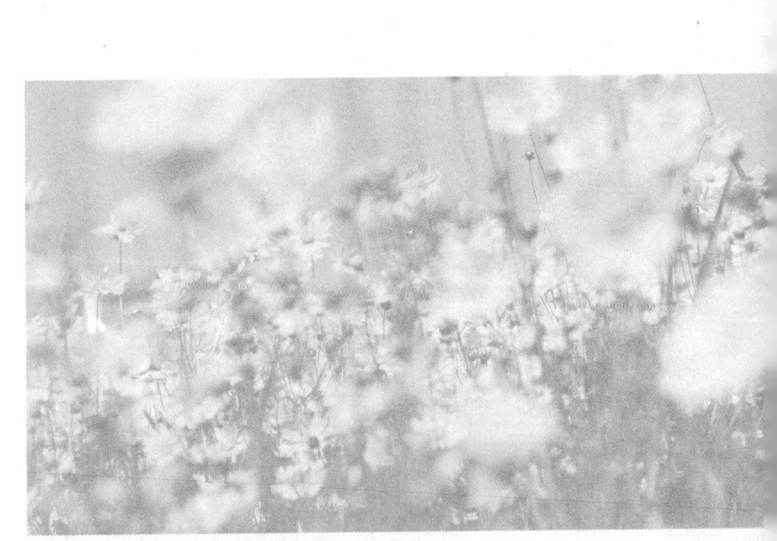

03
환난 중에 즐거워 하나니

다만 이뿐 아니라 우리가 환난 중에도 즐거워하나니 이는 환난은 인내를, 인내는 연단을, 연단은 소망을 이루는 줄 앎이로다(롬 5:3~5).

01 | 번민을 벗는 방법

코넬 의과대학의 럿셀 세실(Russell Cecil) 교수는 사람들이 고민하는 원인을 네 가지로 요약했다.

첫째는 결혼의 실패,
둘째는 경제적 재난,
셋째는 고독과 고뇌,
넷째는 한 맺힌 충격으로 럿셀 세실 교수는 이것 때문에 사람들이 여러 가지 병을 유발시킨다고 말하고 있다.

미국의 치과 대학 회의 보고에 의하면 번민, 공포, 히스테리 등에서 오는 감정 때문에 칼슘의 벨런스를 잃게 돼 충치의 원인이 되고 심지어 여성들은 무서운 갑상선으로 이어질 수 있다고 경고했다.
번민은 사람들의 마음을 약하게 하며 병을 일으킨다.
인간이 고민하는 삶은 지극히 정상적인 삶인 것이다. 다만 그 인간이 어떠한 고민을 하고 있느냐고 하는 문제이다.

모든 인간이 그가 고민하고 있는 문제의 성격과 그 고민의 깊이에 따라서 그 인간의 인격이 저울질 되는 것이다.

 예화와 관련된 말씀

너희는 마음에 근심하지 말라 하나님을 믿으니 또 나를 믿으라(요 14:1).

그가 병들어 죽게 되었으나 하나님이 그를 긍휼히 여기셨고 그뿐 아니라 또 나를 긍휼히 여기사 내 근심 위에 근심을 면하게 하셨느니라(빌 2:27).

02 | 여러가지 근심

유월절을 앞두고 한 사람이 랍비에게 와서 말했다.
"랍비님, 저는 너무 근심 걱정이 많습니다. 없는 것이 많아 골머리가 아픕니다. 못 살겠습니다."
랍비는 무슨 근심이냐고 물었다.
그는 유월절이 다가오는데 무교병 살 돈도 없고 포도주 자기 옷, 아내 옷, 자녀 옷은 물론 고기도 살 돈이 없다는 것이었다.
랍비는 물었다.
"무교병은 얼마요?"
"5000원입니다."
"포도주는 얼마요?"
"1만원이요."
"자네 옷은?"
"5만원이요."
"아내 옷은?"
"10만원이요."
"자녀 옷은?"

"3만원이요."

"유월절 고기값은?"

"2만원이요."

이 말을 들고 랍비는 조용히 말했다.

"이제 자네는 돌아가서 너무 많은 걱정을 하지 말고 한 가지 걱정만 하게. 21만 5000원 걱정 하나만 하게. 그리고 하나님께 한 가지만 기도하게. 21만 5000원을 달라고 말이야."

우리는 너무 쓸데없는 잡다한 근심을 많이 한다. 이것들을 버려야 한다.

 예화와 관련된 말씀

여호와께서 주시는 복은 사람을 부하게 하고 근심을 겸하여 주지 아니하시느니라(잠 10:22).

03 | 걱정이 없는 사람

사소한 일에도 늘 걱정을 하며 사는 어떤 사람이 있었다.

그런데 어느 날 그가 세상에 걱정거리가 하나도 없는 듯이 평화로운 얼굴을 하고 있는 것을 보고, 그의 절친한 친구가 적잖이 놀라서 말했다.

"오늘은 불안해 보이지 않는군."

그는 웃으며 대답했다.

"요즘 한 달 내내 걱정을 하지 않았다네."

"정말인가? 어쩐 일인가?"

"간단하지. 나를 위해서 대신 걱정해줄 사람을 고용했다네."

"자네 지금 뭐라고 했는가? 그런 사람을 어디서 찾았는가?"

"신문에 광고를 냈지."

"그랬나? 뭐라고 광고를 냈는가?"

"'와서 내 대신 걱정을 해주면 하루에 백만 원씩 주겠음'이라고 냈다네."

"하루에 백만 원이라고? 자네는 그만한 돈을 벌지 못하지 않는가? 무슨 수로 그 사람에게 월급을 줄 건가?"

"그건 그 사람이 걱정할 문제라네."

우리가 걱정하는 대부분의 문제들은 실제로는 일어나지 않는 일들이라고 한다.

 예화와 관련된 말씀

> 마음의 즐거움은 얼굴을 빛나게 하여도 마음의 근심은 심령을 상하게 하느니라(잠 15:13).
>
> 일평생에 근심하며 수고하는 것이 슬픔뿐이라 그의 마음이 밤에도 쉬지 못하나니 이것도 헛되도다(전 2:23).

04 | 빵 한 조각

2차 세계대전이 막바지에 이를 무렵, 연합군은 전쟁고아들을 위해 막사를 제공하여 그들을 적당히 정착시킬만한 장소를 물색했다.

그러는 동안 그들은 자라고 성장하기 시작했다. 그런데 막사의 장교들은 아이들이 밤에 거의 잠을 자지 못한다는 사실을 알고 매우 당황했다.

장교들은 왜 고아들이 밤에 잠을 자지 못하는지 심리학자들에게 그 문제를 의뢰했다.

마침내 그 심리학자들은 매일 밤, 아이들이 잠자리에 들었을 때 늘어선 침대 사이로 한 사람이 다니면서 아이들의 손에 작은 빵조각 하나씩 쥐어주게 했다. 매일 밤 빵조각을 쥐는 일로써 하루를 마감하게 했던 것이다.

그랬더니 며칠 안 되서 그들은 밤새도록 깊은 잠을 잘 수 있었다.

그 이유가 무엇이었을까? 낮 동안에 충분히 음식을 먹을 수 있었음에도 불구하고 그들은 내일은 어떤 일이 일어날 것인가에 대한 염려 때문에 오늘 가진 것을 즐길 수가 없었던 것이다.

자기 손에 빵 조각을 챙겨 쥐고서야 그들은 적어도 그 다음날 아침 식사 걱정은 하지 않아도 됨을 알았던 것이다.

하나님께서 빵 한 조각을 우리 손에 쥐어 주셨다고 생각한다.

 예화와 관련된 말씀

나의 하나님이 그리스도 예수 안에서 영광 가운데 그 풍성한 대로 너희 모든 쓸 것을 채우시리라(빌 4:19).

나는 너를 애굽 땅에서 인도하여 낸 여호와 네 하나님이니 네 입을 크게 열라 내가 채우리라 하였으나(시 81:10).

05 | 구두쇠와 금덩이

 돈만 보면 어쩔 줄 모르고 좋아하는 구두쇠가 있었다.
 그는 돈을 벌 줄은 알았지만 쓰는 기능은 아예 마비된 돌멩이였다. 구두쇠는 돈으로 금을 사서 매일 그것을 만지며 시간을 보내는 것이 그의 유일한 낙이었다.
 구두쇠는 많은 금덩어리가 도둑맞을 것을 염려해 금덩이를 땅에 묻어두었다. 그런데 어느 날 구두쇠가 금덩이를 만지려고 하자 금궤는 텅텅 비어 있었다. 도둑이 금덩이를 모두 꺼내 도망을 친 것이다. 금덩이가 없어진 것을 안 구두쇠는 통곡을 했다.
 그러자 이를 지켜보던 친구가 그를 위로했다.
 "친구, 이미 지난 일일세. 잊어버리게."
 "모르는 소리 말게. 먹고 싶은 것 안 먹고, 입고 싶은 것 안 입고 모은 것일세. 내가 어찌 잊을 수 있단 말인가?"라며 구두쇠는 계속해서 통곡하며 하소연 했다.
 그러자 그의 친구가 이렇게 대답했다.
 "정 그렇게 억울하면 금덩이 대신 돌멩이를 구덩이에 채워 놓게. 어차피 사용하지 않을 물건이지 않은가?"

성경은 재물을 하늘에 쌓으라고 말씀하신다. 사용하지 않는 재물은 더 이상 재물이 아니다.

 예화와 관련된 말씀

오직 너희를 위하여 보물을 하늘에 쌓아 두라 거기는 좀이나 동록이 해하지 못하며 도둑이 구멍을 뚫지도 못하고 도둑질도 못하느니라(마 6:20).

한 사람이 두 주인을 섬기지 못할 것이니 혹 이를 미워하고 저를 사랑하거나 혹 이를 중히 여기고 저를 경히 여김이라 너희가 하나님과 재물을 겸하여 섬기지 못하느니라(마 6:24).

06 | 산악인 제이미 앤드루

 등반 도중 조난을 당해 손과 발 모두를 잃은 스코틀랜드 산악인 제이미 앤드루씨의 이야기가 신문에 보도되었다. 그는 프랑스 몽블랑에서 1주일 동안 조난되었다. 그때 입은 동상으로 손과 발을 절단해야만 했다. 그 당시 사랑하는 동료 피셔를 현장에서 잃었다.

 그러나 그는 좌절하지 않았다. 다시 등반 인생을 출발하였다. 당시 현장에서 숨진 친구 피셔를 기리기 위해 영국 최고봉 벤 네비스 등정을 시도하였다.

 그는 양 팔뚝에 연결한 지팡이와 의족에 의지해 산을 올랐다. 앤드루는 벤 네비스의 일반 등산로를 따라 출발한지 6시간만인 오후 4시쯤 1천 4백 40m의 정상에 올랐다.

 보통사람에 비해 두 배 정도의 시간에 목표지점에 도달한 것이다. 그는 홀로 오른 것은 아니였다. 그의 비극적인 인생을 버리지 않고 함께한 여자 친구 아나 위아트와 친구들이 함께 참여했다.

 그는 등반을 준비하면서 자선기금도 모았다. 자선기금으로 모은 4억여 원을 장애인 단체에 기부하였다.

어떤 고난일지라도 고난에는 뜻이 있고 그 고난이 함께 나누워질 때는 감동으로 소망을 준다.

 예화와 관련된 말씀

다만 이뿐 아니라 우리가 환난 중에도 즐거워하나니 이는 환난은 인내를, 인내는 연단을, 연단은 소망을 이루는 줄 앎이로다(롬 5:3~4).

이로 말미암아 내가 또 이 고난을 받되 부끄러워하지 아니함은 내가 믿는 자를 내가 알고 또한 내가 의탁한 것을 그 날까지 그가 능히 지키실 줄을 확신함이라(딤후 1:12).

07 끝까지 가져 가는 것

1907년 영국의 탐험가 어니스트 섀클턴(Ernest Henry Shackleton)은 남극 탐험을 목표로 첫 탐험대를 구성했다.

섀클턴에게 탐험은 낯선 일이 아니었다.

그는 영국 상선 함대의 견습생 시절이던 열여섯 살 때부터 세계 여행을 시작한 노력파 탐험가였다.

그가 이번 여행에 임하는 기세는 남달랐지만, 여행이 진행될수록 상황은 비참하게 전개되었다. 영하의 날씨에 찬바람은 가히 살인적이었다. 육체는 누적된 피로로 고통스러웠고 한 걸음 한 걸음이 엄청난 노력과 집중력을 요구했다.

게다가 식량도 바닥을 드러냈다. 결국 섀클턴과 동료들은 남극을 불과 97마일 남겨 둔 채 돌아서야 한다는 사실을 받아들여야 했다. 육체적 고통 위에 엄청난 심적 고통이 더해진 셈이다. 절망적인 상태에서 귀환이나마 안전하게 마치려면 짐을 줄여야 했다.

그들은 가진 것들 중에 상당 부분을 버렸다. 섀클턴은 우연히 동료들이 어떤 것들을 지니고 또 버리는지 지켜보게 되었다.

사람들이 가장 먼저 포기한 것은 돈이었다.

그 다음은 부족한 상황에서도 음식물이었다.

그들이 최후까지 소중하게 간직한 것은 무엇이었을까?

사랑하는 사람들의 사진과 그들이 보낸 편지였다.

소중한 사람들을 다시 볼 수 있다는 희망과 믿음이 그들을 끝까지 붙잡아 주었던 것이다.

결국 그들은 한 사람도 빠짐없이 무사히 귀환할 수 있었다.

 예화와 관련된 말씀

하나님을 잊어버리는 자의 길은 다 이와 같고 저속한 자의 희망은 무너지리니(욥 8:13).

나의 희망이 어디 있으며 나의 희망을 누가 보겠느냐(욥 17:15).

08 뽀빠이와 맥고인티

'제코 맥고인티'는 만화영화 뽀빠이(Popeye)의 모델이 된 실제 인물이다.

제코 맥고인티는 원인 모를 병을 안고 태어났고, 의사는 그가 얼마 살지 못할 것이라고 했다. 따라서 그는 부모로부터 버림을 받았고, 어린 시절을 고아원에서 자라야 했다.

14살 때 고아원을 뛰쳐나온 그는 뱃사람이 되었다. 원인 모를 병과 고아원에서의 생활, 그리고 험하고 힘든 배 위에서의 삶은 그의 얼굴을 점점 험상궂게 만들어 갔다.

그러나 얼마 살지 못하리라고 했던 의사의 예상과 달리 30세에 고향으로 돌아올 때까지 그는 건장한 청년으로 성장했다.

제코 맥고인티는 작은 배를 사서 새 인생을 시작했다.

1929년 미국의 시금치 농사는 대풍년이었다. 시금치가 헐값에 넘어가게 된 시금치 농가는 시름에 잠겼다.

그래서 만화가 세거(E.C. Segar)는 시금치 소비를 활성화시키기 위한 만화를 그려달라는 부탁을 받게 되었다. 만화 캐릭터를 고민 중에 맥고인티의 얼굴에서 깊은 인상을 받아

만화작가 세거는 그의 인생역정을 토대로 '뽀빠이'라는 작품을 쓰게 되었던 것이다. 그의 험상궂은 얼굴은 전 세계인의 사랑을 받는 만화영화 주인공으로 되살아났다.

 예화와 관련된 말씀

무릇 시온에서 슬퍼하는 자에게 화관을 주어 그 재를 대신하며 기쁨의 기름으로 그 슬픔을 대신하며 찬송의 옷으로 그 근심을 대신하시고 그들이 의의 나무 곧 여호와께서 심으신 그 영광을 나타낼 자라 일컬음을 받게 하려 하심이라(사 61:3).

이 달 이 날에 유다인들이 대적에게서 벗어나서 평안함을 얻어 슬픔이 변하여 기쁨이 되고 애통이 변하여 길한 날이 되었으니 이 두 날을 지켜 잔치를 베풀고 즐기며 서로 예물을 주며 가난한 자를 구제하라 하매(에 9:22).

09 | 산꼭대기 나무가 단단하다

도끼 자루는 보통나무가 아니다. 강하고 튼튼한 나무여야 도끼 자루가 될 수 있다.

어느 날 할아버지가 손자를 보고 말했다.

"우리 오늘은 산에 가서 도기자루 감을 좀 찍어오자."

할아버지는 손자를 데리고 산으로 올라갔다. 산 중턱에 이르러 보니 바위틈에 곧게 자란, 좋은 도끼 자루 될 만한 참나무가 있었다.

"저걸 찍어서 도끼자루 하면 되겠습니다."

손자의 말에 할아버지는 "아니다."라고 대답했다.

다시 힘들게 골짜기를 오르고 올라서 이윽고 산꼭대기까지 올라갔다. 한 참나무를 보고 할아버지는 그제야 "저걸 찍어라."하고 말했다.

"저런 나무는 저 산 밑에도 있었는데요. 저 숲 속에도 있었고, 바위틈에도 있었고, 계속 있었는데 왜 하필이면 이 높은 곳에 와서야 똑 같은 저 참나무를 찍으라고 하십니까?" 하고 손자가 쳐다보자 할아버지는 대답했다.

"비바람을 많이 맞지 아니하고 자란 나무는 그리 쓸모가 없느니라. 같은 참나무라 해도 비바람을 많이 맞고 자란 것이라야 쓸 만한 도끼 자루가 되느니라."

 예화와 관련된 말씀

보라 내가 너를 연단하였으나 은처럼 하지 아니하고 너를 고난의 풀무 불에서 택하였노라(사 48;10).

그러므로 만군의 여호와께서 이와 같이 말씀하시되 보라 내가 내 딸 백성을 어떻게 처치할꼬 그들을 녹이고 연단하리라(렘 9:7).

10 | 시련 앞의 인생

불행해 보이는 한 소녀가 있었다. 그녀는 종일 방직공장에서 일했다.

'지긋지긋한 가난….' 생계를 유지하는 것이 가족들의 간절한 소망이었다. 큰오빠는 잔칫집에서 얻어온 상한 음식을 먹고 숨졌고, 둘째오빠는 굶주린 가족을 위해 피와 쌀을 바꾸었다.

그녀는 공장에 다니면서도 희망만은 잃지 않았다. 내게는 무한한 능력이 있다. 역경을 극복하면 반드시 희망의 날이 올 것이다. 소녀는 기업체 부설 학교에 다니며 꿈을 키웠다. 그녀는 국내 대학에서 성악을 공부한 후 오스트리아로 유학, 빈의 음악대학을 수석으로 졸업했다. 그리고 자신의 모교 교수로 금의환향했다.

바로 창원대 이점자 교수이다.

그녀는 고난과 시련을 성장의 원동력으로 삼았다. 성공한 사람은 어떤 상황에서도 꿈을 버리지 않는다.

그러나 실패한 사람은 미풍에도 몸을 떤다. 사람의 운명은 시련 앞에 어떤 반응을 보이느냐에 따라 확연하게 갈린다.

"하나님을 알게 되고, 하나님을 믿고, 하나님을 의지할 수 있었던 건 내 생애 최고의 사건입니다.

담양 산골 가난한 집안에서 태어나 끼니가 간 곳 없이 힘들었어도 '동네에서 제일 노래 잘하는 아이' 라는 말에 위로받곤 했던 제가 마음껏 찬양하고픈 욕심에 교회를 찾아간 건 당연한 일이었죠. 그때 목소리야말로 하나님이 내게 주신 달란트라는 걸 깨달았고, 그 주신 달란트를 헛되이 해선 안된다는 생각에 정말 이 악물고 노력했습니다.

하나님 앞에 '착하고 충선된 종' 이라는 칭찬을 얻기 위한 노력이 지금의 저를 있게 한 원동력이 아닌가 싶습니다."

 예화와 관련된 말씀

인내는 연단을, 연단은 소망을 이루는 줄 앎이로다(롬 5:4).

내 마음의 근심이 많사오니 나를 고난에서 끌어내소서(시 25:17).

11 | 빙점의 저자

사람들은 그녀를 '움직이는 종합병원'으로 불렀다. 그녀는 폐결핵으로 인생의 황금기인 스물네살 때부터 13년 동안 거의 침대에 누워 지냈다. 또한 직장암, 파킨슨병 척추카리에스 등이 계속 육체를 공격했다.

그런데 그녀에게 한 줄기 강렬한 빛이 쏟아졌다.

그것은 '절대자에 대한 믿음'이었다. 그녀는 절망적인 상황에서도 희망을 잃지 않았다. 그리고 인간의 원죄와 하나님의 사랑에 대한 깊은 관심을 갖고 쓴 작품이 아사히신문사의 소설 공모에 당선됐다.

그녀의 나이 마흔 두 살 때였다. 그녀는 일약 일본 최고의 작가로 알려졌다.

이 사람이 바로 '빙점'의 작가 미우라 아야코(1922~1999)다. 그 후 기독교 신앙에 기초한 평화와 예수 그리스도를 통한 하나님의 사랑을 주제로 한 많은 작품을 발표했다. 1982년 직장암 수술을 받은 이후로는 남편의 대필로 작품 활동을 하였으며 만년에는 파킨슨병으로 투병생활을 하다가 1999년 77세의 나이로 세상을 떠났다. 그녀가 소천하기 직전에 남긴 유언 같은 잠언이 잔잔한 감동을 준다.

"질병으로 내가 잃은 것은 건강뿐이었습니다. 그 대신 '신앙'과 '생명'을 얻었습니다. 사람이 생을 마감한 후 남은 것은 '쌓아온 공적'이 아니라 함께 나누었던 것입니다."

 예화와 관련된 말씀

> 내가 주의 성전을 향하여 경배하며 주의 인자하심과 성실하심을 인하여 주의 이름에 감사하오리니 이는 주께서 주의 말씀을 주의 모든 이름 위에 높게 하셨음이라(시 138:2).
>
> 또 무엇을 하든지 말에나 일에나 다 주 예수의 이름으로 하고 그를 힘입어 하나님 아버지께 감사하라(골 3:17).

12 | 베스파시안

로마의 네로 황제 밑에는 '황제의 투사 씨름군'이라는 정예부대가 있었다.

그런데 백부장 베스파시안(Vespasian)이 이끄는 그 부대에 그리스도인이 있다는 소문이 났다. 황제는 베스파시안에게 그리스도인들을 잡아 처형하라는 칙령을 내렸다. 백부장이 부대원들을 모아놓고 그리스도인은 나오라고 말했다.

그러자 무려 40명이나 되는 투사들이 앞으로 나왔다. 베스파시안은 천막 앞에 큰 불을 피워놓고는 40명의 군인들에게 옷과 신발을 벗게 한 후 꽁꽁 얼어붙은 호수 위로 가게 했다. 그리고 언제든지 불이 있는 곳으로 돌아오면 용서해 주겠다고 말했다.

그러나 그들은 늘 황제 앞에서 부르던 노래의 가사를 고쳐 이렇게 합창하기 시작했다.

"우리는 40명의 투사!"

밤이 지난 후에야 한 명의 군인이 고통을 이기지 못하고 불 곁으로 나아왔다.

그때 백부장 베스파시안은 지휘관의 옷을 벗고 장하게 죽음을 맞고 있는 그리스도인 부하들을 향해 걸어갔다. 고통보다 큰 영광을 이미 맛보고 있었다.

천국의 소망이 있는 자들은 이 세상에서 겪는 그 고통에 그렇게 큰 의미를 두지 않는다.

 예화와 관련된 말씀

복음에는 하나님의 의가 나타나서 믿음으로 믿음에 이르게 하나니 기록된 바 오직 의인은 믿음으로 말미암아 살리라 함과 같으니라 생각하건대 현재의 고난은 장차 우리에게 나타날 영광과 비교할 수 없도다(롬 8:17,18).

이것을 너희에게 이르는 것은 너희로 내 안에서 평안을 누리게 하려 함이라 세상에서는 너희가 환난을 당하나 담대하라 내가 세상을 이기었노라(요 16:33).

13 | 렘브란트의 신앙고백

유명한 네델란드 화가 렘브란트 (RembrantHarmenszoon van Rijn)의 그림에 성화가 많이 있는데, 그 중 예수님께서 십자가에 돌아가시는 장면을 그린 것이 있다. 이 그림은 더더욱 유명하다.

그는 아주 유머니스틱하게 성화를 그렸다고 하는 특징을 가지고 있다. 많은 오해를 받았다가 요새 와서 그의 그림이 높이 평가되는 것을 볼 수 있다.

예수님 고통을 당하시면서 십자가에 죽으시는 모습을 아주 생생하게 그렸다. 거기에 마리아와 사람들이 서서 울고 있는 모습, 탄식하는 모습, 두려워하는 모습들이 있는데 그 표정을 하나같이 잘그렸다.

그런데 렘브란트의 그 그림을 보면 한 쪽 구석에 이천 년 전 당시의 유대 사람하고는 관계없는, 전혀 관계없는 한 사람이 그려져 있다. 그 얼굴은 바로 렘브란트 자신이다.

렘브란트는 이렇게 고백한다.

"예수 십자가에 돌아가시는 현장에, 거기에 내가 있었다."

'그 현장에 내가 있었다. 내가 예수님 십자가에 돌아가시는 모습을 바라보았다. 예수는 나를 위해 죽으셨다.' 하는 고백이다. 이런 신앙고백이 그림에 있다.

 예화와 관련된 말씀

주의 사랑하시는 형제들아 우리가 항상 너희를 위하여 마땅히 하나님께 감사할 것은 하나님이 처음부터 너희를 택하사 성령의 거룩하게 하심과 진리를 믿음으로 구원을 얻게 하심이니 (살후 2:13).

내가 그리스도와 함께 십자가에 못 박혔나니 그런즉 이제는 내가 사는 것이 아니요 오직 내 안에 그리스도께서 사시는 것이라 이제 내가 육체 가운데 사는 것은 나를 사랑하사 나를 위하여 자기 자신을 버리신 하나님의 아들을 믿는 믿음 안에서 사는 것이라(갈 2:20).

14 | 오프라 윈프리 이야기

 신화가 된 여자, 오프라 윈프리. 그녀는 오프라 윈프리 쇼로 세계 1억 4000만 애청자들의 사랑을 받는 우리 시대에 가장 영향력 있는 방송인이다.

 그녀는 매주 예배를 드리고 매일 성경과 함께하는 독실한 크리스천이다. 그녀는 자서전에서 "저는 높은 곳에 계신 하나님의 부르심에 따라 인도 받아요. 그것은 어떤 목소리가 아니고 느낌이에요. 제대로 느낌이 전달되지 않으면 저는 아무 것도 하지 않아요. 기분이 언짢을 때는 성경책을 손에 꼭 쥐고 아레사 프랭클린의 어메이징 그레이스(찬송가 405장)를 들어요. 그리고 스스로 이렇게 묻지요. 오프라, 너는 희생자가 되려고 하니, 아니면 네 인생을 스스로 책임지려고 하니? 그리하여 마음이 정돈되면 마치 산 위로 날아오르는 듯한 느낌을 받아요."라고 했다.

 오프라 윈프라가 처음부터 위대한 오프라 윈프리인 것은 물론 아니다. 그녀의 과거는 어두웠다. 가난한 흑인 출신에 사생아였으며 어릴적은 부모님이 아닌 친척들의 손에 컸다. 그리고 마약과 문란한 성생활로 인해 미혼모가 되었고 성폭

행도 당했으며 소녀 감호원까지 가게 되었다.

그러나 오프라의 가슴속에는 '언젠가 사람들에게 내가 무엇인가를 해낼 수 있다는 것을 꼭 보여주고 말겠다.'는 강력한 소망과 뜨거운 열정이 불타오르고 있었다. 그녀는 자서전에서 이렇게 말한다. 어려운 지난 날 속에서 나에게 힘이 되는 것은 오직 하나님 밖에 없었다고 말한다.

오프라 윈프리를 비판하는 사람들이 그녀는 흑인이다, 미시시피 산골 출신이다, 뚱뚱하다, 마약을 했다, 강간당한 여자다, 사생아를 낳은 여자다 등 그녀의 과거를 들추어 그녀를 괴롭힐 때마다 전 세계 1억 4000만 시청자들은 이렇게 말한다.

"그래서, 그게 뭐 어쨌는데? 그러니까 오프라 윈프라 아냐?"라고 말이다.

 예화와 관련된 말씀

> 오직 너희가 그리스도의 고난에 참여하는 것으로 즐거워하라 이는 그의 영광을 나타내실 때에 너희로 즐거워하고 기뻐하게 하려 함이라(벧전 4:13).

15 | 두 나무 이야기

사람에게 똑같은 씨앗이 한 톨씩 주어졌다. 두 사람은 각자 그 씨앗을 자신들이 원하는 곳에 심었다.

한 사람은 자신의 정원에서 가장 토양이 좋고 햇볕이 잘 드는 곳에 심었고, 또 다른 한 사람은 거친 토양의 산자락에 그 씨앗을 심었다.

자신의 정원에 씨앗을 심은 사람은 바람이 세차게 불어올 때면 나무가 흔들리지 않게 잘 붙잡아 주고, 비가 많이 오면 그 비를 피할 수 있도록 나무 위에 천막을 쳐두기도 했다.

하지만 산에 그 씨앗을 심은 사람은 천막을 치거나 자신의 몸에 나무를 붙잡아 두는 일 따위는 하지 않았다. 단지 한 번씩 산에 올라갈 때면 그 나무를 쓰다듬어주며 "잘 자라다오! 나무야."라고 속삭여 자신이 그 나무를 기억하고 있다는 사실만 일깨워주었다.

20여 년이 지나 정원에 있는 나무는 꽃을 피우기는 했지만 지극히 작고 병약해진 반면, 산에서 자란 나무는 그 넓은 숲에서 가장 크고 푸른 빛을 띤 튼튼한 나무로 자라나 있었다.

세상사람 모두가 좀 더 쉬운 세상! 좀 더 편한 환경을 꿈꾼다. 그리고 비바람이 몰아치는 야산에 서기보다는 안전한 정원에 있기를 기도한다.

그런데 자연의 법칙은 우리에게 정반대의 사실을 가르쳐 준다. 어려움이 없기를 기도하기보다는 그 어려움을 딛고 일어서는 사람이 되기를 기도하라는 것이다.

 예화와 관련된 말씀

> 그가 시험을 받아 고난을 당하셨은즉 시험 받는 자들을 능히 도우실 수 있느니라(히 2:18).

16 | 유대인과 삶은 달걀

 아돌프 히틀러가 독일을 통치하던 시절, 온 독일을 지배한 것은 나치스였다. 나치스는 반유대주의와 백색인종 지상주의를 포함한 소위 독일민족 지상주의였다.

 즉, 나치스의 정신이란 독일 게르만 민족은 인류 중에서 가장 위대한 종족이므로 다른 민족을 지배하고 다스려야 할 사명을 갖고 있다는 것이었다.

 나치스가 가장 미워한 민족은 유대인들이었다. 그들의 유대인 말살정책에 의해 생겨난 것이 바로 무서운 아우슈비츠 수용소와 왈쏘 수용소였다. 그 외에도 나치스들은 유대인의 살갗으로 전등갓을 만들어 썼고, 그들의 시체에서 기름을 짜내어 비누를 만들어 썼고, 또 성냥도 만들어 사용했다.

 그러나 광기에 찬 히틀러의 유대인 말살 정책도 결국 유대인들의 강인한 의지엔 당할 수가 없었다. 유대인들은 지금도 고통의 날을 기념할 때마다 언제나 식탁에 둘러앉아 삶은 달걀을 먹는다.

 이 삶은 달걀은 유태인들의 결혼식에도 종종 등장한다. 유대인들이 그들의 기념일이면 으레 삶은 달걀을 먹는 것은 퍽 교훈적이다. 모든 음식물은 대개 뜨거운 불 위에서 끓으면 끓을수록 액체가 되고 만다.

그러나 오직 달걀만은 끓으면 끓을수록 더욱 단단해지는 특징이 있다. 사람의 본성도 이와 같다. 인간은 역경에 처하면 처할수록 점점 더 강해진다. 유대인들이 오늘날까지 그 수많은 박해를 이기고 살아남은 것은 그들이 결코 절망한 적이 없었기 때문이다.

그들은 참을 수 없이 고통스런 날이면 으레 삶은 달걀을 먹었던 것이다.

 예화와 관련된 말씀

다만 이뿐 아니라 우리가 환난 중에도 즐거워하나니 이는 환난은 인내를, 인내는 연단을, 연단은 소망을 이루는 줄 앎이로다 소망이 우리를 부끄럽게 하지 아니함은 우리에게 주신 성령으로 말미암아 하나님의 사랑이 우리 마음에 부은 바 됨이니(롬 5:3~5).

17 포스베리 엉덩방아

"포스베리 엉덩방아"란 스포츠 용어가 있다. 이 용어의 의미는 높이뛰기를 정면으로 뛰지 않고(가위뛰기:正面跳라 함), 역U자 모양으로 높이 뛰어(이것을 포스베리플롭:背面跳라 함) 떨어질 때 한 바퀴 돌아서 엉덩방아를 찧는 것을 가리킨다.

포스베리플롭은 미국의 D.포스베리가 고안해 낸 도약방법이다. 포스베리 당시에는 높이뛰기의 기록은 1m 98cm이었고, 2m는 인간이 더 이상 뛰어 넘을 수 없는 벽으로 인정되고 있었다. 포즈베리 역시 이 벽을 뛰어 넘을 수 없었다. 그러다 어느 날 다이빙의 재주넘기 장면을 보다 아이디어를 얻었다.

지금까지 하던 '앞으로 넘지 말고 뒤로 넘자'는 그의 새로운 아이디어를 시험해 보았다. 놀랍게도 2m의 벽을 쉽게 뛰어 넘을 수 있었다. 그는 그 방식을 이용하여 1968년 멕시코 올림픽대회 높이뛰기에서 금메달을 차지했고, 그의 도약방법인 포스베리플롭은 세계적으로 가장 널리 사용되고 있는 높이뛰기 방식이 되었다. 오늘날에는 3m의 높이에 도전하게 되었다.

우리의 삶에서 우리는 너무나 자주 우리를 가로막는 벽을 경험한다. 우리의 사고를 바꾸어 볼 필요가 있다. 정면으로도, 뒤로도 뛰어넘지 못하는 많은 벽들 앞에서 우리는 좌절하게 될 때면 하늘을 우러러 보자. 거기로부터 우리의 도움이 오기 때문이다.

 예화와 관련된 말씀

> 내가 산을 향하여 눈을 들리라 나의 도움이 어디서 올꼬 나의 도움이 천지를 지으신 여호와에게서로다(시 121:1,2).

18 | 인간과 희망

　세계적인 임상심리학자, 브리즈니츠 박사는 이스라엘 육군의 훈련병들을 4조로 나누어 완전군장을 하고 20km를 행군시키는데, 1조에는 행군할 때 도착거리를 미리 예고하고, 5km마다 앞으로 얼마의 거리가 남았다고 알려주었다.

　2조에는 "지금부터 먼 거리를 행군한다."고만 말했다.

　3조에는 "15km를 행군한다."고 말했다가 14km지점에서 "20km를 행군한다."고 변경 통지를 하였다.

　4조에는 "25km를 행군하겠다."고 말했다가 14km지점에서 "20km행군으로 오늘의 행군을 단축한다."고 발표했다.

　이러한 실험에 의해 브리즈니츠 박사는 병사들이 상황에 따라 받는 사기와 스트레스의 관계를 다음과 같이 보고하고 있다.

　20km라는 정확한 거리와 남은 지점을 알고 행군한 1조가 가장 사기가 높고 동시에 가장 적은 스트레스를 받았으며, 행군거리를 전혀 모르고 간 2조가 가장 사기가 없고 스트레스도 많이 받았다.

　그런데 예상거리보다 짧게 행군한 4조가 예상거리보다 더

길게 행군한 3조보다 훨씬 사기도 저하되고 스트레스도 많이 받았다는 점이다.

이에 대하여 브리즈니츠 박사는 "어려움이나 편안함보다는 희망과 절망이 인간에게 중요한 문제이며, 인간이 가장 큰 스트레스를 받을 때는 어려울 때가 아니라 희망이 없을 때"라고 분석했다.

 예화와 관련된 말씀

> 그러므로 내일 일을 위하여 염려하지 말라 내일 일은 내일 염려할 것이요 한 날 괴로움은 그날에 족하니라(마 6:34).

19 | 무덤이 곧 희망

   아버지와 아들이 사막을 여행했다. 사막은 불덩어리같이 뜨거웠고 갈 길은 멀었다. 뜨거운 햇빛과 목마름을 견디지 못한 아들이 아버지에게 이렇게 말했다.

   "아버지, 더 이상 못가겠어요. 목이 마르고 지쳐서 죽을 지경이라구요."

   그러자 아버지는 아들을 격려했다.

   "얘야, 그렇지만 끝까지 가보아야 하지 않겠니? 얼마 안가서 사람이 사는 마을을 발견할 수 있을 거야."

   아버지와 아들은 계속해서 걸었다. 아버지는 아들을 다독거렸지만 이미 아들은 절망 속에 빠져 있었다. 그러다가 두 사람은 무덤 하나를 발견했다. 이를 본 아들은 놀라서 말했다. "저것 보세요, 아버지! 저 사람도 우리처럼 지쳐서 마침내 죽고 말았어요."

   아들은 너무 낙심해 고개를 푹 수그렸다. 이제 그는 아무런 힘도 의욕도 없어보였다.

   그러나 아버지는 아들의 어깨에 손을 얹으며 조용히 말했다.

"아니란다. 무덤이 여기에 있다는 것은 곧 희망이 있다는 거란다. 여기서 멀지 않은 곳에 마을이 있을 것이다. 사람이 없는 곳에는 무덤도 없는 거니까."

과연 두 사람은 가까운 곳에서 마을을 발견하였고, 계속 여행을 할 수 있게 되었다.

 예화와 관련된 말씀

예수께서 가라사대 나는 부활이요 생명이니 나를 믿는 자는 죽어도 살겠고 무릇 살아서 나를 믿는 자는 영원히 죽지 아니하리니 이것을 네가 믿느냐(요 11:25, 26).

너희는 마음에 근심하지 말라 하나님을 믿으니 또 나를 믿으라(요 14:1)

20 | 화가 솔펜

솔펜이라고 하는 화가가 있었다. 결혼하고 얼마 안 된 젊은 나이에 그는 중병에 걸렸다.

의사가 그에게 말했다.

"당신은 임파선 결핵을 앓고 있소. 앞으로 3개월밖에 살지 못할 것입니다."

그의 부인은 유명한 가수로, 그녀는 지금 임신 중이다. 아내에게도 미안하거니와 앞으로 태어날 아이를 생각할 때에도 죄스럽게 생각되었다. 몹시 괴로워하고 있을 때, 사랑하는 아내가 그를 위로하였다.

"3개월밖에 못산다고 생각하지 말고 하나님께서 3개월을 허락해주셨다고 생각하며 감사하십시다. 아무도 원망하지 맙시다. 3개월이 얼맙니까? 천금 같은 그 기간을 가장 아름답게 만드십시다. 그러면서 오로지 3개월이나 허락하신 하나님께 감사하십시오."

둘은 기뻐하며 감사하며 열심히 일했다. 그는 열심히 그림을 그렸다. 그의 병은 씻은 듯이 나았다. 그가 그린 그림에 유명한 것이 있다.

예수님의 얼굴이다. 보통 사람은 예수님의 얼굴을 그릴 때에 대개 자비하신 분으로, 고난당하시는 얼굴로 그리는데, 이 분은 지도력이 있고 강인한 인간성을 지닌 인물로 표현했다.

이 그림이 유명해서 수백만 장이나 인쇄되었고 오늘도 많은 가정에 걸려 있다.

 예화와 관련된 말씀

주의 사랑하시는 형제들아 우리가 항상 너희를 위하여 마땅히 하나님께 감사할 것은 하나님이 처음부터 너희를 택하사 성령의 거룩하게 하심과 진리를 믿음으로 구원을 얻게 하심이니 (살후 2:13).

21 | 고난의 의미

열다섯 살 때 허리를 다쳐서 40년 동안이나 침상에 누워 지내는 사람을 무디 선생이 방문했다.

그가 한 번 움직이려면 매우 고통스럽기 때문에, 40년 동안 고통을 느끼지 않은 날이 하루도 없었다. 이렇게 고통을 겪는 성도를 방문한 무디 선생은 하나님께 제일 가까이 지내는 성도를 만난 느낌을 받았다고 고백하였다. 그렇게 빛나는 얼굴을 본적이 없었다고 했다.

무디 선생이 그에게 물었다.

"당신은 정말 한 번도 하나님을 원망해본 적이 없었습니까?"

"물론 마귀가 때때로 시험한 적도 있었습니다. 다른 사람들이 건강하게 뛰어 노는 것을 창문으로 내다보노라면 사탄은 귓속말로 이렇게 속삭입니다. '하나님이 그렇게 선하시다면 왜 너만 그렇게 집안에 드러눕게 하느냐? 왜 갑갑하게 누워서 다른 사람의 신세만 지게 하느냐?' 고 말입니다."

그렇게 시험할 때 형제는 무어라고 대답하느냐는 물음에

"저는 그 사탄을 데리고 십자가 앞에 갑니다. 그러면 그만 무서워서 도망치고 맙니다."라고 대답했다.

우리에게 고난은 하나님의 기적을 바라볼 수 있는 기회이다. 고난당하는 가운데 감사하면 모든 조건들이 감사의 조건으로 바뀐다.

 예화와 관련된 말씀

> 내가 주의 성전을 향하여 경배하며 주의 인자하심과 성실하심을 인하여 주의 이름에 감사하오리니 이는 주께서 주의 말씀을 주의 모든 이름 위에 높게 하셨음이라(시 138:2).

22 | 고난 중에도 평안하려면

찰스 스탠리 목사는 수개월 전에 골수암 진단을 받은 젊은 부인을 알고 있었다. 그녀는 수년 전 유방암을 앓은 적이 있었는데, 담당 의사는 그녀의 골수암이 바로 그 병으로 인해서 발병했다고 진단했다.

그녀는 말했다.

"그때 제가 암 선고를 받고서 한 첫 번째 질문은 '왜 하필이면 나에게…'라는 것이었어요. 유방암을 앓았던 저의 체험을 생각해 볼 때 제가 암에 걸린 것은 제 잘못은 아니지만, 분명 제 삶의 여러 요소들과 관련 있다는 것을 깨닫게 되었어요. 언젠가 저는 심한 방사선에 노출되었던 적이 있었어요. 또 어느 지역에서 여러 해 동안 살게 되었는데 그곳은 바로 유독성 폐기물로 인해 환경 정화 지역으로 정해진 곳이었어요.

더욱이 제 가족 중에 유방암을 앓은 병력이 있는 사람도 있었어요. 저에게 더 합당한 질문은 '왜 하필이면 내가 아니지?' 였을 거예요."

그녀는 또 말했다.

"오늘날의 통계에 따르면 네 명 중 한 명 꼴로 암을 앓게 된답니다. '왜'라는 질문은 제게 필요 없지요. 저는 단지 환자이고 그 희생자일 따름입니다.

제 삶 가운데 정말로 해야 할 중요한 질문이 하나 있다면 '지금은 어떠한가?'일 거예요. 그 질문에 대해 나에게 완전한 평안을 줄 수 있는 유일한 대답은 바로 '하나님이 나와 함께 계신다'라는 것입니다."

하나님이 당신의 삶 가운데 그 어떤 일을 허락하시든 하나님은 당신과 함께 그 가운데 계신다.

 예화와 관련된 말씀

그때에 아비멜렉과 그 군대 장관 비골이 아브라함에게 말하여 이르되 네가 무슨 일을 하든지 하나님이 너와 함께 계시도다 (창 21:22).

여호와의 사자가 기드온에게 나타나 이르되 큰 용사여 여호와께서 너와 함께 계시도다 하매(삿 6:12).

23 | 역경의 선생

 찰스 시므온은 1782년에 태어나 1836년 죽을 때까지 캠브리지 트리니티 교회의 성공회 목사였다.

 54년 동안 그는 영국에 가장 위대한 영향을 끼치는 사역을 했다. 그가 순수한 복음을 설교하기 시작했을 때 초기 교구 신자들의 많은 반대에 부딪힐 수밖에 없었다.

 한동안은 계속 그랬지만, 결국 그의 아름다운 인내심은 당시 사회의 조류를 바꾸어 놓았다. 거니(Gurney)라는 사람과의 대화에서 그는 다음과 같이 말했다.

 "몇 해 전에 저는 이 대학교 안에서 많은 사람의 경멸과 비웃음의 표적이 되었습니다. 어느 날 저는 성경을 손에 쥐고 걷고 있었는데, 사람들로부터 여전히 괴롭힘을 당했습니다. 저는 마음을 다해 하나님께 기도했고, 하나님의 말씀 가운데서 진정한 위로를 얻고 싶었습니다. 그래서 저는 성경을 펴자마자 저를 지지해 줄 말씀을 찾을 것이라고 기대했습니다.

 처음에 제 눈길을 끌었던 말씀이 이 구절입니다. '나가다가 시몬이란 구레네 사람을 만나매 그를 억지로 … 예수의 십자가를 지웠더라.' 당신은 시므온과 시몬이 같은 이름이라는 사실을 알 것입니다. 얼마나 놀라운 가르침입니까! 제게 얼마나 커다란 위로가 되었는지 모릅니다. 예수님을 따라 십자가를 지고 가는 것이 얼마나 커다란 특권입니까! 그것으로 충분했습니다. 저는 이제 그리스도의 고난에 동참해 존귀하게 된 사람으로서 기뻐 뛰며 주님을 찬양할 수 있습니다."

 예화와 관련된 말씀

하나님의 뜻대로 하는 근심은 후회할 것이 없는 구원에 이르게 하는 회개를 이루는 것이요 세상 근심은 사망을 이루는 것이니라(고후 7:10).

오직 너희가 그리스도의 고난에 참여하는 것으로 즐거워하라 이는 그의 영광을 나타내실 때에 너희로 즐거워하고 기뻐하게 하려 함이라(벧전 4:13).

24 | 80세의 화가 안나

안나 로버트슨은 농장에 고용되어 일하는 젊은 여자였다. 이 안나는 자기처럼 농장에서 일하던 착실한 총각을 만나서 결혼했다. 그 신랑의 이름은 탐 모세스였다. 이 두 사람은 열심히 일해 마침내 자기들의 농장을 마련하게 되었고, 슬하에는 10남매를 두었다.

안나는 농가의 부인으로 또 여러 자녀들의 어머니로 하루하루를 바쁘게 보냈다. 또 시간이 날 때마다 틈틈이 뜨개질이나 수를 놓았다.

그러던 중, 80세에 접어들면서 안나의 손은 관절염으로 점점 고통스럽고 둔해졌다. 그래서 안나는 손이 덜 고통스러운 그림을 그리기 시작했다. 그림을 그릴 때는 그래도 견딜만 했기 때문이다.

안나의 그림은 대부분이 농장과 시골 풍경이었다. 하루는 뉴욕의 어떤 미술작품 수집가가 안나가 살고 있는 작은 마을을 지나다가 한 상점에 들어갔다. 그때 벽에 걸려있는 몇 점의 그림이 그 사람을 감동시켰다. 물론 안나의 그림이었다.

이 후로 안나는 갑자기 유명한 화가로 데뷔하게 되었고, 모세스 할머니라는 이름으로 미국의 역사적인 화가가 되었다.

놀라운 사실은 안나가 80세부터 그림을 그리기 시작했는데도 무려 1,500점의 그림을 남겨 놓았다는 것이다. 어떻게 80세의 노인이 이렇게 아름다운 성공을 할 수 있었나? 이유는 다름이 아니라, 손에 관절염으로 인한 고통이 왔기 때문이다.

또한 고통이 와도 포기하지 않고 계속하는 열심, 의욕, 추진력, 인내가 있었기 때문이다. 역경과 고통이 항상 나쁘기만 한 것일까?

 예화와 관련된 말씀

> 부당하게 고난을 받아도 하나님을 생각함으로 슬픔을 참으면 이는 아름다우나(벧전 2:19).
>
> 만일 그리스도인으로 고난을 받으면 부끄러워하지 말고 도리어 그 이름으로 하나님께 영광을 돌리라(벧전 4:16).

25 | 역경 가운데 사는 비결

 미국의 어느 부둣가에서 있었던 일이다. 어느 날 정기 여객선이 도착해 사람들이 배에서 내리는 도중 그만 한 여자가 발을 헛디뎌 바다에 빠지고 말았다.

 사람들은 모두 고함을 치면서 발을 동동 굴렸으나 선원들은 이것을 보고도 가만히 있기만 했다.

 그러자 사람들은 이런 무책임한 선원들이 어디 있느냐며 거세게 비난하기 시작했다.

 선원들은 여자가 두 번이나 물속에 떠올랐다 잠겼는데도 여전히 요지부동이었다.

 그런데 여자의 힘이 완전히 소진된 것을 알고서야 한 선원이 비호같이 다이빙을 해서 축 늘어진 그 여자를 구해서 올라왔다.

 그러자 사람들은 왜 처음부터 빨리 구해주지 않았느냐고 그 선원을 나무랬다. 이에 그 선원은 가쁜 숨을 몰아쉬며 대답했다.

 "모르시는 말씀들 하지 마십시오. 사람이 물에 빠져 자기 힘으로 살아보겠다고 안간힘을 쓸 때는 어느 장사가 구하러 들어간다고 해도 빠진 사람의 힘에 눌려 같이 빠져 죽게 됩니다. 그래서 기다린 것입니다."

하나님이 우리를 구원하시는 원리도 이와 비슷하다. 역경 가운데 사는 비결은 나를 포기하고 오직 하나님만 의지하는 것이다.

 예화와 관련된 말씀

모든 은혜의 하나님 곧 그리스도 안에서 너희를 부르사 자기의 영원한 영광에 들어가게 하신 이가 잠깐 고난을 당한 너희를 친히 온전하게 하시며 굳건하게 하시며 강하게 하시며 터를 견고하게 하시리라(벧전 5:10).

04
고난에 참여하는 것으로

오직 너희가 그리스도의 고난에 참여하는 것으로 즐거워하라 이는 그이 영광을 나타내실 때에 너희로 즐거워하고 기뻐하게 하려 함이라(벧전 4:13).

01 | 역경은 불과 같다

　위대한 업적을 남긴 사람들은 대부분 역경을 극복한 스토리가 있다.
　발명왕 에디슨은 어렸을 때부터 귀머거리였다. 그러나 서른 살에 축음기를 발명했다.
　'실락원'을 쓴 밀턴은 심각한 시각장애인이었다. 시력을 모두 잃은 상태에서 5년 동안 땀 흘려 명작을 남겼다.
　무디는 초등학교 졸업이 학력의 전부였으나 세계적인 전도자로 이름을 날렸다.
　신대륙을 발견한 콜럼버스는 섬유공장의 직물공이었다.
　셰익스피어는 산에서 나무를 해다가 파는 나무꾼의 아들이었다. 그는 너무 가난해 책을 살 여유도 없었다. 젊은 시절의 셰익스피어는 런던의 극장 앞에서 말을 지켰다.
　'백화점의 왕'인 워너메이커는 가난한 벽돌공의 아들이었다.
　젊은 시절의 고난은 인생의 소중한 자산이다.
　그러나 역경을 탓하고 그것에 굴복하는 사람은 평생 비극적인 삶을 산다.

역경은 불과 같다. 그것을 어떻게 사용하느냐에 따라 그 결과는 엄청난 차이가 난다.

 예화와 관련된 말씀

너는 장차 받을 고난을 두려워하지 말라 볼지어다 마귀가 장차 너희 가운데에서 몇 사람을 옥에 던져 시험을 받게 하리니 너희가 십 일 동안 환난을 받으리라 네가 죽도록 충성하라 그리하면 내가 생명의 관을 네게 주리라(계 2:10).

형제들아 주의 이름으로 말한 선지자들을 고난과 오래 참음의 본으로 삼으라(약 5:10).

02 | 역경은 사람을 강하게 만든다

이 사람은 고등학교 때 코카콜라회사에서 아르바이트생으로 일했다. 그가 하는 일은 바닥에 흘러내린 콜라를 닦아내는 것이었다. 한 번은 50개의 콜라병이 든 상자가 터졌다. 아무도 이것을 닦아낼 생각을 하지 않았다. 그때 검은 피부의 한 소년이 바닥에 꿇어 엎드려 콜라를 열심히 닦아내고 있었다.

소년은 자메이카 출신이었다. 가정은 항상 가난했다. 학교 성적도 하위권이었다. 그러나 소년에게는 남들이 갖지 못한 장점이 있었다.

그는 정직하고 성실했으며 시련 앞에 용감했다. 소년은 '정직'과 '성실'과 '투지'를 자산삼아 미국의 합참의장이 됐다.

이 사람의 이름은 '걸프전의 검은 영웅'인 콜린 파월(Colin Luther Powell)이다. 그는 백인도 아니고 앵글로 색슨족도 아니다.

그러나 미국인들로부터 존경받는 인물로 손꼽히고 있다. 콜린 파월은 그 비결을 간략하게 밝혔다.

"역경은 사람을 강하게 만듭니다. 역경에 굴복하면 고난은 눈덩이처럼 커집니다."

사람은 누구에게나 한 두 가지 장점이 있다. 그것만으로도 충분히 성공적인 인생을 살 수 있다.

 예화와 관련된 말씀

그가 시험을 받아 고난을 당하셨은즉 시험 받는 자들을 능히 도우실 수 있느니라(히 2:18).

그런즉 가장 작은 일도 하지 못하면서 어찌 다른 일들을 염려하느냐(눅 12:26).

03 | 고통은 새로운 기회이다

 미국 오하이오 주에서 태어난 비버리 스미스는 특수한 병을 가진 소녀이다. 머리를 다쳐 피가 흘러도, 뜨거운 물에 손이 데어서 화상을 입어도 울지를 않는다. 잘 참아서가 아니라 아픔을 느끼지 못하는 병을 가지고 있기 때문이다. 의사들은 중추신경에 이상이 있는 것으로 추측하고 있는데, 아직 치료방법은 없다고 한다.

 이 소녀는 아픔을 느끼지 못하기 때문에 울지 않을 뿐 아니라 위험한 것을 자각하지도 못한다.

 이런 것을 보면 사람이 아픔을 느낀다는 것이 얼마나 고마운 혜택인지 모른다. 사람에게 아픔의 자각은 꼭 필요하다.

 데이비드 브린클리라는 사람은 "신은 가끔 빵 대신 벽돌을 던져주시는데, 어떤 사람은 원망하면서 그 벽돌을 차다가 발가락 하나가 더 부러지기도 하고, 어떤 사람은 그 벽돌을 주춧돌로 삼아 기막힌 집을 짓기도 한다."는 명언을 했다.

 태평양 전쟁 때 일본인 귀족 세 가족이 가장 안전한 곳을 연구한 결과 오키나와 섬으로 결정짓고 그리로 피신을 했다. 그러나 그곳이 가장 위험한 격전지가 되고 말았다. 어둠이나 아픔이나 고통을 피해 다니기만 하려는 사람이 있는데, 그런 사람은 대부분 도리어 그것에 삼킴을 당하고 만다. 서양 속담에 "고난은 맞서서 이기고 죄는 피해서 이기라"는 말이 있다.

 예화와 관련된 말씀

> 근심이 사람의 마음에 있으면 그것으로 번뇌하게 되나 선한 말은 그것을 즐겁게 하느니라(잠 12:25).

04 | 절망이 희망이 되는 것

남아프리카 남단에 희망봉이 있다.

그곳을 처음 발견한 사람은 포르투갈의 항해자 바르톨르뮤 디아스인데, 그는 1488년 그곳을 발견하고는 이름을 '폭풍의 곶'이라고 지었다.

그리고 몇 해 후인 1497년, 바스코 다 가마가 이곳을 통과하게 되었다.

그는 포르투갈 왕 조앙 2세의 명을 받고 인도로 가는 항로를 개척하기 위해 항해를 하고 있었다.

그가 이 폭풍의 곶을 돌아 마침내 인도로 가는 항로를 개척하자 왕은 이를 기념하기 위해 그곳에 '희망의 곶'이라는 새 이름을 내렸다.

'폭풍'에서 '희망'으로 바뀐 것이다.

하지만 아프리카가 유럽인들의 눈에 띈 이후로 노예로 팔려가고 문화재를 약탈당하였기 때문에 유럽인의 입장에서는 희망봉이지만 아프리카 인에게는 또한 절망이다.

무슨 일이건 그 일 자체에 희망과 절망이 정해져 있는 건 아니다.

위기가 닥치거나 어려운 상황에 직면했을 때, 희망 쪽으로 마음을 다잡는 것이 중요하다. 마음 자세에 따라 절망도 희망이 되는 것이다.

예화와 관련된 말씀

여호와의 말씀이니라 너희를 향한 나의 생각을 내가 아나니 평안이요 재앙이 아니니라 너희에게 미래와 희망을 주는 것이니라(렘 29:11).

그러므로 내 마음이 기뻐하였고 내 혀도 즐거워하였으며 육체도 희망에 거하리니(행 2:26).

05 절망의 늪 속에서도

　박민스터 풀러는 대학에 다니던 중 퇴학을 당했고 이후 사업을 할 때마다 실패했다.

　풀러가 32세 때였다. 매서운 바람이 부는 어느 겨울밤 그는 미시간 호수 속으로 몸을 던지려다가 하늘을 쳐다보았다.

　바로 그 순간 찬란하게 빛나는 밤하늘의 별들과 맑은 하늘의 모습을 보면서 그는 하나님의 창조의 신비에 강한 경외감을 느꼈다.

　'자연의 존재가 스스로 없어지지 않는 것처럼 네 생명도 스스로 없앨 권리가 너에게는 없다' 라는 생각이 그의 마음을 지배하게 됐다. 절망의 늪에 빠져 자살하려던 그는 호수를 떠나 새로운 삶을 시작했다.

　결국 그는 열정을 가지고 노력해 발명가와 기술자, 수학자 그리고 건축가, 시인 및 천문학자로 명성을 얻게 됐다.

　12개 분야에서 명예박사학위를 받은 그는 지구를 57회나 돌면서 수백 만 명에게 강연했다.

　풀러는 자살하려던 그날 밤 자신의 삶의 참 의미를 발견했다.

　누구든지 절망의 늪 속에서도 미래에 대한 밝은 희망을 가질 수 있고 성공으로 옮겨갈 수 있다.

 예화와 관련된 말씀

내가 환난 중에 다닐지라도 주께서 나를 소성케 하시고 주의 손을 펴사 내 원수들의 노를 막으시며 주의 오른손이 나를 구원하시리이다(시편 138:7).

우리가 일어나 벧엘로 올라가자 내 환난 날에 내게 응답하시며 내가 가는 길에서 나와 함께 하신 하나님께 내가 거기서 제단을 쌓으려 하노라 하매(창 35:3).

06 | 하나님 안에서 절망이란 없다

미국의 17대 대통령 앤드류 존슨은 부모를 일찍 여의고 가난했으며 정규 학교도 못 나온 보잘것없는 배경을 가진 사람이었지만, 미국에 가장 큰 부를 가져다준 대통령으로 기억되고 있다. 이렇게 생각하는 데는 이유가 있다.

알래스카는 미국의 5분의 1, 남한의 17배나 되는 엄청나게 큰 땅이다. 원래 이곳은 구소련 땅이었는데, 앤드류 존슨이 의회의 동의도 없이 당시 720만 달러(한화 약 1백억 원)에 구소련으로부터 구입했다. 의회가 대통령을 소환해 알래스카를 사들인 것에 대해 공격하자 앤드류 존슨은 공동조사단을 구성해 알래스카에 탐사를 보낸 후 책임질 일이 있으면 책임을 지겠다고 했다.

탐사단은 아이스박스에 불과하다는 알래스카를 탐사하면서 세계에서 가장 많은 양의 석유, 순금, 백금 등 헤아릴 수 없는 지하자원과 엄청난 어류, 산림 자원을 발견했다.

그곳은 지구상에서 가장 많은 천연자원이 묻혀 있는 보물창고였다. 모든 매스컴은 앤드류 존슨이 아이스박스가 아닌 황금박스를 거저 얻었다고 대서특필했다.

비난의 공격 속에서도 침착함을 잃지 않았던 앤드류 존슨은 일생 가운데 소중한 신조를 가지고 있었다.

"어떤 시련이 있어도, 환경이 아무리 불리해도, 하나님 안에서 절대로 절망하지 않습니다."

결국 그런 자세가 자신은 물론 조국의 역사에 길이 남을 훌륭한 업적을 남길 수 있게 했다. 그 힘의 원천은 바로 '하나님 안에서 절대로 절망하지 않는다' 는 신념이었다.

 예화와 관련된 말씀

그러므로 내일 일을 위하여 염려하지 말라 내일 일은 내일 염려할 것이요 한 날 괴로움은 그날에 족하니라(마 6:34).

07 | 고난은 창조의 어머니

위대한 창조물은 고난을 통해 탄생한다. 고난이 다가올 때 고난으로 인해 침몰하는 사람도 있지만 고난을 통해 성장하는 사람도 있다. 3억 부 이상 팔려나가 삼성전자의 단기 순수익을 뛰어넘는 수익을 창출한 소설《해리 포터》시리즈도 고난의 산물이다.

그 작품은 작가 롤링의 고난의 산실에서 탄생된 것이다. 만약 그녀의 생애에 고난이 없었다면 이런 작품은 세상에 나오지 않았을 것이다. JK 롤링은 결혼한지 2년 만에 이혼녀가 되어 어린 딸을 데리고 정부 보조금으로 살아야 했다. 20세 중반의 삶이 너무 비참했고, 끝없는 추락으로 자살 충동을 느꼈다. 그녀는 에든버러의 허름한 임대아파트에서 우울증과 싸우며《해리포터》시리즈 첫 작품인『해리포터와 마법사의 돌』을 완성했다. 비참한 생활이 그녀로 하여금 환상적인 마법의 세계에 빠져들게 하였고, 방대한 분량의《해리포터》시리즈를 완성할 수 있는 강렬한 추진력을 제공하였다.

인도의 타고르는 나라를 빼앗기고 슬픔으로 괴로운 나날

을 보내었다. 국가적 고난의 상황 속에서 아버지를 여의고 사랑하는 아내와 아들마저 잇달아 세상을 떠나게 되는 개인적 고통을 겪어야만 했다. 그는 이러한 고통을 벗어나기 위해 기도와 명상을 하면서 시 쓰는 일에 몰두하였다.

훗날 그 고난의 용광로는 그에게 노벨상을 안겨준 《기탄잘리》를 탄생시켜 주었다.

템플 그랜딘 박사는 다른 사람과 대화가 통하지 않을 정도의 자폐인으로 어려서 따돌림과 놀림의 대상이 되었다. 그녀는 그 고난을 벗어나기 위해 피나는 노력을 하여 자폐를 극복하고 정신분석학, 동물행동학, 신경해부학 등 7개 분야를 넘나들면서 자폐인의 눈에 비친 느낌과 날카로운 분석으로 《동물과의 대화》를 저술하였다.

 예화와 관련된 말씀

> 다만 이뿐 아니라 우리가 환난 중에도 즐거워하나니 이는 환난은 인내를, 인내는 연단을, 연단은 소망을 이루는 줄 앎이로다(롬 5:3,4).

08 | 고난의 날에

16세기 일본 무왕 다다오키 호사카우 왕에게 하루는 신하가 질문을 하였다.

"세상에서 가장 유능하고 필요한 사람은 어떤 유형의 사람인가요."

다다오키 호사카우 왕은 이렇게 대답했다.

"이 세상에서 가장 필요한 사람은 아카시만의 굴 같은 사람이다."

아카시만은 어떤 곳인가?

그곳은 폭풍우가 가장 심한 지역이다. 그런데 그 지역에서 채취한 굴이 가장 비싼 값에 팔리고 있다. 그 이유가 무엇인가? 그것은 이 굴이 맛과 탄력이 뛰어나기 때문이다. 아카시만의 굴들은 거친 파도를 이겨내느라 보통 굴들보다 훨씬 강한 생명력을 갖는다. 그 생명력이 맛과 영양으로 이어진 것이다.

사람도 마찬가지다. 사람은 누구나 좋은 환경에서 살기 원한다.

그러나 좋은 환경은 온실과 같아서 사람을 나약하게 만들

수도 있다. 역경을 이겨낸 인생은 감동을 준다. 고난의 파도를 극복한 인생은 향기가 있다. 인생은 끊임없이 봉우리와 골짜기를 오르내리는 등반과 같다. 고난이 인생의 귀한 선물인 경우가 많다.

 예화와 관련된 말씀

의인은 고난이 많으나 여호와께서 그의 모든 고난에서 건지시는도다(시 34:19).

우리에게 여러 가지 심한 고난을 보이신 주께서 우리를 다시 살리시며 땅 깊은 곳에서 다시 이끌어 올리시리이다(시 71:20).

09 | 속삭임의 시험

나는 구순구개열을 가지고 태어났는데, 학교에 다니기 시작했을 때 친구들은 내가 자신들과 어떻게 다른지를 분명히 인식하게 해줬다. 나는 일그러진 입술, 구부러진 코, 균형이 안 잡힌 치아, 그리고 말을 더듬는 작은 소녀였다. 친구가 "네 입술에 무슨 일이 있던 거야?"라고 물었을 때, 나는 넘어져서 유리 조각에 찢겼다고 말하고 싶었다. 다르게 태어난 것보다는 사고로 고통당한 것이 더 나아 보였기 때문이다. 나는 가족 이외에 그 누구도 나를 사랑할 수 없을 거라고 확신했다.

2학년이 되어 나는 모두가 존경하는 레오나르드 선생님의 수업을 들었다. 작고 통통하며 생기 넘치는 선생님은 언제나 행복해 보였다. 매년 우리는 듣기 시험을 쳤다. 평가 방식은 이랬다. 우리가 문을 등지고 서서 한쪽 귀를 막으면 선생님이 뭔가를 속삭이셨고, 우리가 그 말을 따라하는 것이었다.

이를테면 "하늘은 파랗다"라든지 "신발을 새로 샀니?" 같은 말이었다. 드디어 내 차례가 돌아와 나는 하나님이 선생님의 입에 두실 말을 기다렸다. 잠시 후 선생님의 입을 통해 나온 그 다섯 마디가 내 삶을 바꿨다. 레오나르드 선생님은 이렇게 속삭이셨다. "난 네가 내 딸이었음 좋겠어."

하나님은 우리 각자 한 사람 한 사람을 선택하시고 사랑하신다. 그리고 십자가 위에서 속삭이신다.

"네가 나에게 속했으면 좋겠구나. 내가 너를 택했단다."
-「누더기 하나님」/ 존 오트버그

 예화와 관련된 말씀

그러므로 너희가 이제 여러 가지 시험으로 말미암아 잠깐 근심하게 되지 않을 수 없으나 오히려 크게 기뻐하는도다(벧전 1:6).

하나님이여 나를 살피사 내 마음을 아시며 나를 시험하사 내 뜻을 아옵소서(시 139:23).

10 | 값진 시련

허드슨 테일러와 동료 선교사들은 전쟁 중인 중국에서 사역하면서 기독교를 핍박하는 자들로 인해 숱한 위험에 직면했다. 하지만 테일러는 혹독한 시련을 경험한 뒤에 이런 결론을 내렸다.

"하나님의 말씀을 이보다 달콤하게, 하나님의 임재를 이보다 실감나게, 하나님의 도움을 이보다 소중하게 만들어 줄 수 있는 환경이 또 어디 있으랴?"

그리고 테일러는 자신이 당한 시련에 대해 이렇게 고백했다.

"나의 믿음은 연단돼 있지 않았다. 믿음이 부족할 때가 너무 많았다. 하나님 아버지를 온전히 믿지 못하는 내가 너무 송구스럽고 부끄러웠다. 하지만 나는 그분을 알아 가고 있었다. 그렇다면 시련도 놓치고 싶지 않다."

테일러는 시련 중에 듣는 하나님의 음성이 가장 선명하고 값지다는 것을 깨달았다. 그는 형통한 시절보다 난관을 통해 하나님에 대해 훨씬 더 많이 배웠다. 사랑하는 아내가 병들었을 때도 하나님은 테일러에게 희망을 주셨다.

"소중한 말씀이 내 영혼에 능력으로 다가왔다. '환난 날에 나를 부르라. 내가 너를 건지리니 네가 나를 영화롭게 하리로다.' 나는 즉시 믿음 가운데 그 말씀대로 기도했다. 그러자 큰 평안과 기쁨이 밀려 왔다. 고난에 대한 근심이 모두 사라졌다."

테일러는 하나님의 말씀을 받은 뒤 평안을 누렸다. 하나님이 그를 사랑하시며 모든 환경을 허락하신다는 사실을 확신했기 때문이다.

 예화와 관련된 말씀

우리가 일어나 벧엘로 올라가자 내 환난 날에 내게 응답하시며 내가 가는 길에서 나와 함께 하신 하나님께 내가 거기서 제단을 쌓으려 하노라 하매(창 35:3).

11 | 해리 트루먼 효과

해리 트루먼 효과라는 말이 있다. 예측이 어긋나는 불완전한 예측을 "해리 트루먼 효과"라고 한다. 루스벨트 다음으로 미국 33대 대통령이 된 트루먼은 누구도 기대하지 않는 평범한 인물이었다. 그는 1944년 말 루즈벨트의 러닝메이트로 부통령이 되었다. 투르먼은 뇌출혈로 루즈벨트가 급서하자 부통령 82일 만에 대통령에 올랐다. 그런데 그가 탁월한 위기대처 능력을 발휘하여 사람들의 감탄을 자아냈으며, 미국 역사상 위대한 대통령 중 한 사람으로 존경을 받고 있다. 히로시마에 원폭을 투하하게 하여 전쟁을 종결시킨 사람도 트루먼이고, 6.25전쟁 당시 원폭투하를 주장한 맥아더를 과감하게 해임시킨 것도 트루먼이었다.

트루먼은 1884년 미국 중서부의 미주리의 가난한 농가에서 태어나 중학생 시절부터 돈을 벌며 공부하였다.

그는 대학에 가기 어려워 사관학교를 지망했으나 눈이 나빠 실패하였다. 그는 어릴 때부터 총기가 없어 '얼간이'라는 별명이 따라 다녔고, 그가 잘 하는 것은 농사 밖에 없는 것 같았다. 트루먼의 촌스러운 생김새와 꾸밈없는 말투 때문에 업신여김을 당했다. 제1차 세계대전에 참전한 후 사업에 손 댔다가 실패하였고, 1934년 연방하원의원 선거에 출마하려다 좌절하였다.

심지어는 1948년 대선에 출마할 당시에도 사람들은 그의 라이벌이었던 토마스 듀이보다 집안 내력이나 외모 학력에 밀린다고 생각했다. 여론 조사에 근거하여 신문은 듀이의 당선을 대서특필까지 했다.

그러나 개표 결과는 트루먼의 승리였다. 대통령 선거 전날까지 여론 조사에서 뒤졌는데 선거 당일 공화당의 우세지역과 시골에 폭풍우를 동반한 많은 비가 내렸고 민주당의 텃밭은 햇볕이 쨍쨍 내리쪼였다고 한다.

그가 루스벨트의 서거로 대통령이 된 것도 뜻밖이었고, 연방상원의원 민주당 후보공천을 얻어 당선된 것도 뜻밖의 기회였다. 하는 일마다 안 된다고 낙심할 것 없다.

 예화와 관련된 말씀

> 우리가 선을 행하되 낙심하지 말지니 피곤하지 아니하면 때가 이르매 거두리라(갈 6:9).

12 | 시련에 맞서는 인생

 골프에 몰입한 한 소년이 있었다. 소년은 두 살 때 부모를 따라 미국으로 이민했다. 소년은 가끔 아버지가 다니던 골프장에 출입하며 골프기량을 익혔다. 그는 세계 제일의 프로골퍼를 꿈꾸었다.

 나이 열여섯 살이던 1998년 8월, 그는 의사로부터 청천벽력 같은 소식을 들었다.

 "암세포가 왼쪽 다리에 퍼져 있습니다. 이제 운동을 계속하는 것은 무리입니다. 방사선치료나 수술 중 하나를 택해야 합니다."

 결국 소년은 왼쪽 다리를 잘리고 말았다. 프로골퍼의 꿈이 수포로 변하는 순간이었다.

 그런데 지난해 말 소년은 그 다리에 의족을 한 채 필드에 나타났다. 그리고 지역 골프대회에서 유연한 폼으로 두 번이나 80타 이하를 기록했다. 사람들은 소년에게 뜨거운 박수를 보냈다.

 이 소년의 이름은 제임스 명 그의 나이 18세이다.

 미국 세리토스고등학교 학생이다. 그는 지금 정상의 골퍼들과 자웅을 겨룰 꿈에 부풀어 있다고 한다. 시련 앞에 포기하고 좌절하는 인생이 아니라, 시련에 당당히 맞서는 사람의 인생은 아름답다.

 예화와 관련된 말씀

사람이 감당할 시험 밖에는 너희가 당한 것이 없나니 오직 하나님은 미쁘사 너희가 감당하지 못할 시험 당함을 허락하지 아니하시고 시험 당할 즈음에 또한 피할 길을 내사 너희로 능히 감당하게 하시느니라(고전 10:13).

그러므로 너희가 이제 여러 가지 시험으로 말미암아 잠깐 근심하게 되지 않을 수 없으나 오히려 크게 기뻐하는도다(벧전 1:6).

13 | 강인한 소나무

브리슬콘이라는 이름을 가진 소나무들은 이 세상에서 가장 오래 살아 있는 나무다.

어떤 것들은 4000년쯤 된 것도 있다고 한다. 1957년에 슐만이라는 과학자는 그 나무 하나를 찾았는데 이름을 '므두셀라'라고 지어 불렀다.

태고의 역사를 지닌 채 거친 모습을 하고 있는 이 소나무는 놀랍게도 거의 5000년이나 된 것이었다.

그 나무는 이집트 사람들이 피라미드를 지을 당시에도 이미 고목이었다.

미국에서는 서부의 해발 3000m에서 3300m높이의 산 정상에서 자란다고 한다.

혹한과 사나운 바람, 부족한 공기, 그리고 적은 강수량 등 지구상의 가장 나쁜 생존조건 속에서도 살아남을 수 있었다.

사실 열악한 환경 때문에 오히려 수천 년 동안 그 나무들이 살아남을 수 있었다. 역경 때문에 보통을 뛰어넘는 강인함과 지구력이 생겨난 것이다.

시련이 모든 생물을 강하게 만든다. 사람도 예외가 아니다. 시련을 잘 견디고 참는 자가 복이 있다고 하였다. 우리 앞에 닥친 시험과 시련을 겁내지 말고 오히려 크게 기뻐하는 믿음의 사람이 되도록 하자.

 예화와 관련된 말씀

시험을 참는 자는 복이 있나니 이는 시련을 견디어 낸 자가 주께서 자기를 사랑하는 자들에게 약속하신 생명의 면류관을 얻을 것이기 때문이라(약 1:12).

사랑하는 자들아 너희를 연단하려고 오는 불 시험을 이상한 일 당하는 것 같이 이상히 여기지 말고(벧전 4:12).

14 | 사막에 핀 꽃

 '세계 기아 선교 기구'라고 하는 선교 단체에서 일하는 사람 중에 앤디 폴디(Andi Pauldi)라는 사람이 있다. 그녀는 인생을 상당히 거칠게 살았다.

 앤디 폴디는 뉴질랜드 출신인데, 한때는 술집에서 접대 일을 하기도 했고, 여자의 몸으로 트럭을 운전하는 운전기사도 하면서 갖은 고생을 하며 살아왔다.

 그러던 어느 날 이 앤디 폴디가 구원자이신 예수님을 만나 그 분을 영접하게 되었다. 생명이 그 심령 속에 들어가게 되자 그때부터 이 앤디 폴디의 삶이 변화되기 시작하였다.

 어느 날, 앤디 폴디가 성경을 읽어 내려가던 중에 "사막이 백합화같이 피어 즐거워하리니"라는 말씀을 발견했다. 그 순간, 그 구절이 그녀의 마음속에 확 다가왔다.

 '사막에 꽃을 피게 할 수 있구나!'

 이것이 그때부터 앤디 폴디의 꿈이 된 것이다. 그리고 실제로 이 분이 사하라 사막 한복판에 들어가서 꽃이 피고 곡식이 열리고 나무가 자라게 하겠다는 꿈을 꾸기 시작했다.

 주변의 많은 사람들이 비웃기 시작하였다.

"어떻게 지난 일만 년 동안 황폐했던 사막 한복판에 꽃을 피게 하며 곡식을 자라게 할 수가 있단 말이냐?"

주변 사람들은 모두 그녀를 만류했다. 그러나 그녀는 도전하고 또 도전해서 사막이 옥토로 바뀌게 되었다.

그리고 그 곳에 나무가 자라고 보리와 밀을 수확하기까지 이르게 되었다. 오늘날도 그녀는 그러한 사역을 통해서 기아 선교를 돕고 있다.

앤디 폴디가 평소에 늘 하던 유명한 말이 있다.

"참고 견디면 사막에도 꽃이 피게 할 수 있다."

 예화와 관련된 말씀

광야와 메마른 땅이 기뻐하며 사막이 백합화 같이 피어 즐거워하며(사 35:1).

15 │ 단지 15분뿐인 인생

 생명이 15분밖에 남지 않은 한 젊은이를 주인공으로 한 '단지 15분뿐' 이란 연극이 있다.

 주인공인 젊은이는 총명하며 20대에 박사학위를 수료했고 어느 누구보다도 장래가 촉망되는 인물이었다.

 그러던 어느 날, 가슴에 이상한 통증이 느껴졌다. 정밀 검사 결과 폐암 말기라는 청천벽력과 같은 진단이 나오고 그의 운명은 15분밖에 남지 않았다는 죽음의 선고가 내려졌다.

 15분! 그는 침상에 누워 있다. 시간은 쉬지 않고, 째깍째깍 흘러만 갔다. 5분이 금방 지나가고 남은 시간이 10분으로 줄어들었다. 이때 그가 누워 있는 병실에 한 통의 전보가 날아들었다.

 억만장자인 삼촌이 그에게 전재산을 물려준다는 통보였다.

 하지만 죽음을 앞둔 그에게는 아무런 의미가 없었다. 운명의 시간은 8분으로 줄어들었다. 그때 또 하나의 전보가 도착했다. 그의 논문이 올해 최우수 논문으로 선정되었다는 내

용이었다.

 그러나 이 축하 전보도 그에게는 아무런 위안이 되지 않았다. 이제 운명의 시간은 마지막 3분을 남겨 놓고 있었다. 이때 또 하나의 전보가 날아왔다. 그가 그렇게도 애타게 기다리던 연인으로부터의 결혼승낙이다.

 그러나 어떤 전보도 그 운명의 15분을 멈추게 할 수 없었다. 드디어 15분의 시간이 지나고 그는 세 통의 전보를 손에 쥔 채 숨을 거두었다. 그러고는 연극이 끝났다.

 날마다 흘러가는 하루하루가 인생의 종착역으로만 치닫는다면 세 통의 편지도 무의미할 것이며 운명의 종말을 피할 수 없을 것이다. 보내는 하루하루를 진실과 소망으로 심는다면 우리의 남은 날들은 세 통의 편지가 주지 못하는 참된 안식과 소망으로 영원히 이어질 것이다.

 예화와 관련된 말씀

> 평안을 너희에게 끼치노니 곧 나의 평안을 너희에게 주노라 내가 너희에게 주는 것은 세상이 주는 것과 같지 아니하니라 너희는 마음에 근심하지도 말고 두려워하지도 말라(요 14:27).

16 | 불굴의 사나이

　두 번의 연이은 사고로, 처음엔 화상을, 두 번째는 하반신 마비를 당한 한 남자의 이야기가 있다.

　미첼(W. Michell)은 1971년 샌프란시스코에서 파트타임으로 전보 통신수 일을 하고 있던 중, 어느 날 타고 가던 오토바이가 화재 사고가 나서 온몸에 화상을 입고 손가락과 발가락 그리고 멋진 얼굴까지 잃어버리게 되었다.

　그 후 몇 달 동안 여러 차례 수술과 물리 치료를 받으면서도 미첼은 결코 포기하지 않는다. 그 불굴의 정신으로 그는 화상을 딛고 다시 일어나 성공한 사업가로 변신하게 된다. 사업에 성공하여 백만장자가 된 미첼은 래프팅과 스카이다이빙을 즐겼고, 심지어 자가용 비행기를 사서 직접 몰고 다닐 정도의 건강한 삶을 다시 회복하게 된다.

　그런던 어느 날 비행기를 몰고 가다 비행기가 추락하여 허리 아래가 모두 마비되는 하반신 마비로 반신불수가 되어버린다.

　기가 막히는 일이 아닐 수 없다. 한 번도 아닌 두 번의 치명적인 사고가 그렇게 자신의 인생에 찾아올 줄이야! 하지만 그는 두 번째의 그 사고에서도 다시 일어선다.

병원 체육관을 찾아 매일매일 재활치료를 받았다. 그러던 중 자신과 같은 처지의 하반신 마비 장애인 청년 한 명을 만나게 된다. 그런데 그 청년은 자신의 삶을 비관하며 하루하루를 절망 속에 보내고 있는 중이었다. 그 모습이 안타까워 미첼은 청년에게 다가가 이렇게 말한다.

"여보게! 사고가 일어나기 전에 내가 할 수 있는 일은 1만 가지가 있었다네. 그러나 사고를 당해 1만 가지 중 1천 가지 일을 할 수 없게 되었지. 그러나 나는 잃어버린 그 1천 가지 일에 연연하지 않고 나머지 9천 가지 일에 초점을 맞춰 살아가기로 했다네."

그 후 그는 자신의 경험담을 다른 사람들에게 얘기하기 시작했고, 지금은 미국에서 가장 훌륭한 강사 중 한 사람이 되었다.

예화와 관련된 말씀

내 영혼아 네가 어찌하여 낙심하며 어찌하여 내 속에서 불안해 하는가 너는 하나님께 소망을 두라 그가 나타나 도우심으로 말미암아 내 하나님을 여전히 찬송하리로다(시 43:5).

17 | 성도가 시험 당할 때

내가 보아온 꽃 중에서 가장 아름다운 꽃들은 실크나 플라스틱이나 초로 만든 인조 꽃들이다. 그런데 그 꽃들은 벌과 나비를 끌어들이지 못한다. 오직 살아 있는 꽃만이 벌과 나비를 끌어들인다.

성도들은 자신을 괴롭히며, 방해하며, 멸망시키려는 마귀를 자연히 만나게 된다. 그러나 하나님께서는 그들을 목적 있게 사용하신다. 하나님께서는 성도들이 당하는 시험을 그의 은혜로운 목적을 이루는 데 사용하시며, 당신이 사랑하시는 자들로 기쁨이 충만하고 정금같이 귀한 그리스도의 정신을 가지도록 믿음 속에서 성장시켜 나가고 계신다.

페리스 D. 윗셀 박사는 말하기를, "올바르게 하나님을 향하고 있는 자들이 당하는 육체적 고통은 다른 사람이 얻을 수 없는 고귀한 그 무엇인가를 얻을 수 있는 기회입니다. 그들은 진정한 삶의 가치에 대한 올바른 판단력을 얻게 되며, 그들의 영은 훈련으로 연마되고, 그들의 동기는 순수해지며, 그들의 사랑은 깊어지고, 그들의 인격은 아름답게 성숙되어집니다."라고 했다.

하나님은 우리 인생의 화가이시다. 그의 붓으로 우리의 삶을 최고로 아름답게 만들어 가시는 것이다. 우리의 그림은 불완전하다. 하나님께서는 우리의 그림을 아직 완성하지 않으셨다. 어쨌든 하나님의 훈련과 징계가 신자의 인격을 만들어간다는 것은 사실이며 신자로 하여금 한걸음씩 앞으로 전진하게 하는 지침이다.

-오늘의 아마겟돈 / 빌리 그래함

 예화와 관련된 말씀

의인의 소망은 즐거움을 이루어도 악인의 소망은 끊어지느니라(잠 10:28).

우리 주 예수 그리스도로 말미암아 우리에게 승리를 주시는 하나님께 감사하노니(고전 15:57).

18 | 주님을 위하여 고통당하는 자

쿠바의 감옥에 갇힌 어느 크리스천에게 사람들이 다른 교인들을 기소하는 진술에 서명하라고 강요했다. 그가 서명만 하면 그 진술서를 토대로 많은 사람들이 체포당할 위기에 놓여 있었다. 그 죄수는 말하였다.

"나는 사슬에 묶여서 서명을 할 수가 없습니다."

그러자 공산당 간부가 대꾸했다.

"당신에게는 사슬이 채워져 있지도 않소."

"그렇지 않습니다. 저는 여러 세기에 걸쳐 그리스도를 위하여 자신의 목숨을 바친 증인들의 사슬에 묶여 있습니다. 나도 그 사슬 중의 한 고리입니다. 나는 그 쇠사슬을 끊을 수 없습니다."

니욜 사두나이트라고 하는 젊은 크리스천 부인은 자신의 신앙 때문에 리투아니아의 법정에 서게 됐을 때 다음과 같이 말했다.

"오늘은 제 인생에 있어서 가장 기쁜 날입니다. 저는 진리와 인간에 대한 사랑을 지키기 위하여 재판을 받습니다. 제게는 누구라도 부러워할 만한 운명이 기다리고 있고, 영광스러운 저곳으로 가게 될 것입니다. 저에 대한 유죄판결은 오히려 저의 승리가 될 것입니다. 지금 이 순간에 후회스러운 것은 제가 형제들을 위하여 한 일이 너무 보잘것 없다는 사실입니다. 우리는 서로 사랑하고 행복을 누립시다. 사랑을 하지 않는 자들은 참된 행복을 모릅니다. 악은 멀리하되, 그 악을 행하는 자는 사랑해야 합니다. 이것은 예수님이라는 학교에서만 배울 수 있는 교훈이지요."

이것이 그리스도를 위하여 고통당하는 자의 입을 통하여 성령께서 당신에게 주시는 교훈이다.

예화와 관련된 말씀

> 우리가 환난 당하는 것도 너희가 위로와 구원을 받게 하려는 것이요 우리가 위로를 받는 것도 너희가 위로를 받게 하려는 것이니 이 위로가 너희 속에 역사하여 우리가 받는 것 같은 고난을 너희도 견디게 하느니라(고후 1:6).

19 | 고통 중에 감사

성가 작곡가인 웬델 라브레스는 64세 된 할머니에 대한 특별한 이야기를 들려주었다. 이 할머니는 16년 동안 온 몸에 통증이 있고, 사지를 조금도 움직일 수 없는 병에 시달리고 있었다.

그런데 이 할머니는 누구보다도 감사하며 살았다. 할머니는 신체의 모든 부분이 마비되었어도, 오른쪽 엄지손가락만은 아직 쓸 수 있다는 엄청난 복을 하나님께서 주셨다는 사실에 기뻐하고 있었다.

다른 한쪽 손은 완전히 굳어 움직일 수 없었지만 오른쪽 엄지손가락으로는 막대기에 매어 놓은 끝이 두 갈래 난 포크를 사용해 안경을 쓸 수 있었고, 음식을 스스로 먹을 수 있었으며, 빨대를 사용해 차를 마실 수 있었고, 성경 책장도 넘길 수 있었다. 실로 엄청난 노력을 들여 이 엄지손가락 하나만을 사용함으로써 할머니는 모든 일을 했다.

어느 날 자신을 위로하러 온 한 방문자에게 할머니는 말했다.

"나는 감사할 일이 너무 많아요. 나의 모든 죄가 용서함을 받았으니 이제는 나의 구주 예수님의 크신 사랑 안에서 거할 수 있으며, 그 사랑을 마음껏 느낄 수가 있거든요."

그러자 그 방문자는 의아해 하면서 "때로는 낙심되지 않으십니까?"라고 물었다.

할머니는 주저하지 않고 확신에 찬 목소리로 대답했다.

"주님이 저를 이 세상에서 지켜주시는 한, 이곳에 누워 만족할 뿐입니다. 또 언제든지 주께서 부르시면 이 세상을 떠날 준비가 되어 있습니다."

예화와 관련된 말씀

이것을 너희에게 이르는 것은 너희로 내 안에서 평안을 누리게 하려 함이라 세상에서는 너희가 환난을 당하나 담대하라 내가 세상을 이기었노라(요 16:33).

우리가 알거니와 하나님을 사랑하는 자 곧 그의 뜻대로 부르심을 입은 자들에게는 모든 것이 합력하여 선을 이루느니라(롬 8:28).

20 | 나를 버리셨다고 낙망할 때

 스코틀랜드 산지에서는 양들이 종종 곤경에 처한다. 산속을 헤매다가 혼자 힘으로 빠져나올 수 없는 장소에 들어가는 경우가 그것이다. 스코틀랜드 산지의 풀이 맛있기 때문에, 양들은 앞뒤 생각하지 않고 툭 튀어나온 바위 끝에 난 풀에 유혹돼 300~400미터 아래로 펄쩍 펄쩍 뛰어내린다. 하지만 다시 뛰어오를 수가 없다.

 결국 곤경에 처한 양은 소리를 내어 울기 시작한다. 그러나 목자는 양이 울부짖는 소리를 듣고도 며칠 동안 그대로 내버려둔다. 그러면 양은 한동안 그곳에 난 풀을 먹고 지낸다. 하지만 풀을 다 먹고 나면 더 이상 먹을 것이 없기에 서 있기조차 힘들 정도로 힘이 빠진다. 그제야 목자는 밧줄을 들고 가서 죽음의 문턱에 있는 양을 건져 낸다.

 목자가 양의 울부짖는 소리를 처음 들었을 때 구해 주지 않는 이유는 무엇일까?

 그것은 미련한 양이 풀을 먹는 데에 정신이 팔려 자기를 구하러 온 목자를 피해 도망치려다 자칫 절벽 밑으로 떨어질 수 있기 때문이다.

스스로 구할 수 없는 상황에서 모든 것을 포기하고 도움을 부르짖는 순간에 하나님은 우리를 구원하신다. 은혜와 자비의 하나님은 폭풍우를 뚫고 오셔서 거센 풍랑 속에서 허우적대는 우리를 건져 내신다. '하나님이 영원히 나를 버리셨구나' 하고 미리 낙담하고 하나님의 능력을 제한하지 말라. 하나님은 반드시 울부짖는 우리를 찾아오신다.

 예화와 관련된 말씀

나의 영혼아 잠잠히 하나님만 바라라 무릇 나의 소망이 그로부터 나오는도다(시 62:5).

21 | 좌절을 이기지 못하고

일본 동경대 공학부를 졸업한 한 학생이 학교에서 추천한 많은 직장을 마다하고 마쓰시다(松下) 전기 회사에 취업 시험을 보았다. 그 학생 실력이면 합격은 문제없을 것이라 자타가 모두 예상했었는데 최종 합격자 명단에 그 학생 이름은 없었다. 심히 실망하고 좌절한 그 학생은 자살하였다.

다음 날 송하 전기에서 전보가 날아왔다. 그 학생은 수석 합격자인데 수석합격자를 따로 분류하여 특별 취급했던 것이 그만 사무 착오로 이름이 누락되었던 것이다. 송하 전기 인사 책임자는 아쉬움과 안타까움 그리고 이런 비극이 일어난 데 대하여 뼈저린 책임감을 통감하였다.

그런데 이 소식을 들은 송하 전기 마쓰시다 고노스께 회장은 전혀 다른 반응을 보였다.

"그 학생이 젊은 나이에 세상을 저버린 일은 참으로 안타깝고 애석한 일입니다. 그러나 우리 회사가 그 학생을 받아들이지 않게 된 것은 오히려 크게 다행스러운 일입니다."라고 한 것이다.

그 정도의 좌절을 이겨내지 못 하고 자살한 것으로 보아 그 학생이 머리는 좋은 줄 모르겠으나 그 심리적 자질은 형편없는 사람이었다는 것이 그 이유였다. 사무 착오가 일어나지 않았다면 그 학생은 수석합격이라는 능력을 인정받고 회사의 중요한 부서에 배정되어 회사 내에서 고급 인력으로 성장하였을 것이다.

하지만 그 학생의 심리적 자질을 감안한다면, 그 학생이 훗날 회사의 중요 부서 책임자가 되었을 때 그 부서가 위기를 만났을 때 다분히 충동적이고 비극적인 방법으로 일을 처리 할 가능성이 클 것이 분명하며 그 결과 회사에 막대한 손실을 초래 할 것이 뻔하기 때문이다.

송하 전기 마쓰시다 고노스께 회장은 사람의 자질 가운데 특히 심리적 자질에 큰 비중을 두고 "의지력"을 사업 성취의 중요한 지표로 삼았다.

 예화와 관련된 말씀

지혜가 네 영혼에게 이와 같은 줄을 알라 이것을 얻으면 정녕히 네 장래가 있겠고 네 소망이 끊어지지 아니하리라(잠 24:14).

22 | 좌절감의 길목에서

'엠마오 도상'이라는 유명한 그림이 있다. 이 그림을 그린 사람은 렘브란트라는 화가이다. 이 사람은 모든 사람이 원하는 그림을 잘 그려서 큰 부자가 되었다. 그는 가족과 함께 부족한 것이 없이 잘 살고 있었다.

그런데 그 행복이 하루아침에 깨어지고 말았다. 사랑하는 아내가 죽어버린 것이다. 렘브란트는 붓을 내던지고 실의에 빠져 있었다. 그는 고민하기 시작했다. 그러나 그는 인간의 죽음이 마지막이 아니라는 것을 깨닫고 예수님을 영접하게 되었다.

영접 후 그린 것이 '야경'이라는 그림이다. 이 그림이 암스테르담 박물관에 전시되었는데, 많은 사람들이 그 값을 물어보았다.

그러나 그는 "이 그림은 아내의 죽음을 통해 참 생명이 무엇인가를 체험하면서 그린 그림이기 때문에 값으로 평가할 수 없다"고 했다.

그 다음에 그린 그림은 바로 엠마오 도상의 두 제자에게 나타나신 부활의 주님을 그린 그림이다. 그는 이 그림을 그리기 위해 무려 18종류의 번역 성경을 읽었다. 그 그림을 보면 그림 속에서 대화하는 제자나 나무들의 모습 속에서 부활의 약동을 느낄 수 있다. 그림을 완성한 후 그는 "나는 위대한 생명의 비밀을 깨닫고 이 그림을 그렸다."라고 고백했다.

그는 아내가 세상을 떠나는 인생의 허무함과 좌절감의 길목에서 부활의 주님을 만났고, 엠마오 도상의 그리스도를 그릴 수 있었던 것이다.

우리가 실의와 좌절에 빠져 있을 때 부활의 주님은 우리 곁에 서서 우리와 함께 걷고 계신다. 좌절의 길목에서 만난 예수님, 그분은 우리를 새로운 희망과 기쁨의 삶으로 인도하신다.

예화와 관련된 말씀

무릇 시온에서 슬퍼하는 자에게 화관을 주어 그 재를 대신하며 기쁨의 기름으로 그 슬픔을 대신하며 찬송의 옷으로 그 근심을 대신하시고 그들이 의의 나무 곧 여호와께서 심으신 그 영광을 나타낼 자라 일컬음을 받게 하려 하심이라(사 61:3).

23 | 화씨 56도의 냉동 화차

소련 철도국에서 근무하는 한 직원이 실수로 냉동 화차 속에 갇히고 말았다.

아무리 빠져 나가려고 해도 나갈 수가 없었다. 소리를 질러도, 문을 힘껏 두드려 보아도 모두 헛일이었다.

이제 희망이란 누군가 우연히 냉동 화차의 문을 열어 주는 것 뿐이었다.

시간이 흐를수록 그 사람은 희망을 버리고 자포자기의 상태에 빠지고 말았다. 드디어 몸이 저려 오기 시작했다.

그는 다가오는 죽음을 앞두고 자기의 상태를 화차의 벽에다 기록해 나갔다.

'몸이 점점 차가와 진다…..춥다. 그러나 기다리는 수밖에 없다…….몸이 얼어옴을 느낀다……나는 몽롱해 진다….아마도 이것이 마지막일런지도 모른다….제발...'

얼마의 시간이 지났을까.

다른 직원이 화차의 문을 열었을 때 그는 이미 싸늘하게 식은 시체가 되어 있었다.

그런데 놀라운 사실은, 그 냉동 화차는 오래 전부터 고장이 나 있었다는 것이다. 당시 냉동 화차의 실내 온도는 화씨 56도(섭씨13도)에 불과했으며 실내 공기도 충분했다고 한다.

 예화와 관련된 말씀

너희 염려를 다 주께 맡기라 이는 그가 너희를 돌보심이라(벧전 5:7).

아무 것도 염려하지 말고 다만 모든 일에 기도와 간구로, 너희 구할 것을 감사함으로 하나님께 아뢰라(빌 4:6).

24 | 눈물 흘린 손

　어느 대학 식당에서 일하는 맘씨 좋은 아주머니가 있었다. 성격도 좋고 친절해서 학생들에게 인기가 좋았다. 그런데 어느 날 점심 식사시간에 쟁반에 음식을 담아 가지고 나르다가 그만 손에서 쟁반을 놓치고 말았다.

　순식간에 식당 안은 소란스러워졌다. 학생들은 아주머니의 실수를 보며 깔깔대고 웃었다. 어떤 학생은 '나이스!' 하며 영화감독이 연기를 잘했을 때 보내는 사인 흉내를 내기도 하였다. 식당 관리인이 달려왔다.

　그때, 잠자코 서 있던 아주머니가 갑자기 눈물을 주르르 흘리며 말했다.

　"여..여러분... 죄송합니다. 내 손이 아마 눈물을 흘려서 미끄러웠나 봅니다. 오늘 아침에 군대에 간 아들이 전투 중에 전사했다는 소식을 받았거든요. 내 아들이 잡기 좋아했던 이 손도 슬퍼서 아마 눈물을 흘렸나 봅니다. 내 아들도 여러분과 똑같은 대학 3학년 때 군대에 갔답니다."

　식당 안은 갑자기 물을 끼얹은 듯 조용해졌다. 여학생들이 울기 시작했다. 남학생들은 아주머니에게 다가갔다.

"어머니…그런 사정이 있는 줄도 모르고… 이제 저희들이 어머니라고 부르겠습니다."

예화와 관련된 말씀

내가 아프고 심히 구부러졌으며 종일토록 슬픔 중에 다니나이다(시 38:6).

다시는 네 해가 지지 아니하며 네 달이 물러가지 아니할 것은 여호와가 네 영원한 빛이 되고 네 슬픔의 날이 끝날 것임이라(사 60:20).

무릇 시온에서 슬퍼하는 자에게 화관을 주어 그 재를 대신하며 기쁨의 기름으로 그 슬픔을 대신하며 찬송의 옷으로 그 근심을 대신하시고 그들이 의의 나무 곧 여호와께서 심으신 그 영광을 나타낼 자라 일컬음을 받게 하려 하심이라(사 61:3).

25 | 아버지의 눈물

월터 반게린은 미국의 저명한 작가이다. 그는 자기 아들과의 경험을 책에 썼다.

초등학교 2학년이 된 '매튜'라는 아들이 만화책을 무척이나 좋아했는데, 하루는 도서관에서 만화책을 몇 권 훔쳐 왔다. 그 사실을 발견한 아버지는 아들을 엄하게 꾸중했고, 그를 도서관에 데리고 가서 책을 반납했다.

매튜는 도서관 직원에게도 단단히 꾸중을 들었다. 그런데 그 이듬해 여름에 아들이 책방에서 만화책을 또 훔쳐 왔다. 그리고 그 다음해에도 또다시 만화책을 훔쳐 왔다.

이제 아버지는 아들의 문제를 더 이상 그대로 둘 수 없다고 판단했다. 그래서 아들의 손을 잡고 서재로 끌고 들어갔다. 그리고 아들에게 말을 했다.

"매튜야, 아빠는 아직까지 너를 때린 일이 없어. 그러나 오늘은 너에게 도둑질하는 것이 얼마나 나쁜 일인가를 가르쳐 주어야만 되겠다."

그리고 아들을 자기의 무릎 위에 구부리게 한 후에 아주 호되게 손바닥으로 다섯 차례 때렸다. 아들은 눈물을 흘리며 방바닥을 내려다보고 서 있었다.

"너는 여기에서 반성하며 혼자 있거라. 아버지는 나갔다가 잠시 후에 들어오겠다."

아들을 방에 두고 나온 월터는 참을 수 없어 어린아이처럼 울었다. 한동안 운 아버지는 세수를 하고 다시 서재로 들어갔다.

매튜는 어머니에게 말했다.

"엄마, 나는 아버지와의 그 일 이후로 다시는 도둑질을 안 했어요. 그리고 앞으로도 결코 도둑질은 안할 거예요."

그래서 어머니가 물었다.

"그때 아버지에게 매 맞은 것이 그렇게 아팠니?" 그러자 매튜는 대답했다.

"엄마, 그래서가 아니에요. 나는 그때 아버지가 우시는 소리를 들었어요."

 예화와 관련된 말씀

나의 책망을 듣고 돌이키라 보라 내가 나의 영을 너희에게 부어 주며 내 말을 너희에게 보이리라(잠 1:23).